JAKOBSPILGER QUERFELDEIN

WANDERUNGEN
AUF DEM CAMINO FRANCES UND
AUF DER VIA PODIENSIS

Bibliografische Informationen der Deutschen Nationalbibliothek:
Die Deutsche Nationalbibliothek verzeichnet diese Publikation in der Deutschen Nationalbibliographie. Detaillierte bibliographische Daten im Internet über http://www.d-nb.de abrufbar.

Nachdruck oder Vervielfältigung nur mit Genehmigung des Verlages gestattet. Verwendung oder Verbreitung durch unautorisierte Dritte in allen gedruckten, audiovisuellen und akustischen Medien ist untersagt. Die Textrechte verbleiben beim Autor, dessen Einverständnis zur Veröffentlichung hier vorliegt. Für Satz- und Druckfehler keine Haftung.

Impressum

Reingard Stein, »Jakobspilger Querfeldein«
Co-Autor: Gerhard Stein
www.edition-winterwork.de
© 2013 edition winterwork
Alle Rechte vorbehalten.
Cover und Gestaltung: Bea Stach
verwendete Schrift u. a.: Retour
Druck und Bindung: winterwork Borsdorf

ISBN 978-3-86468-394-7

FÜR MEINE ELTERN CHRISTINE UND OTTO,
AUF DASS SIE WEITERHIN MIT INTERESSE
UND NEUGIERDE UNSERE WANDERUNGEN
MIT DEN FINGERN AUF DEN LANDKARTEN
NACHVERFOLGEN.

INHALT

DIE FASZINATION DER JAKOBSWEGE	7
PILGERWEGE IN EUROPA	9
ST.-JEAN-PIED-DE-PORT BIS BURGOS	10
WAS HATTEN WIR ERWARTET?	53
BURGOS BIS SANTIAGO DE COMPOSTELA	60
WIR SIND BEEINDRUCKT!	121
WAS HAT DIESER WEG JETZT ABER BEI UNS BEWIRKT?	123
VIA PODIENSIS – LE-PUY-EN-VELAY BIS MOISSAC	134
WELCHER WEG IST BESSER?	174
VIA PODIENSIS – MOISSAC BIS AIRE-SUR-L'ADOUR	186
ENTTÄUSCHUNG!	201
QUELLENVERZEICHNIS	206

DIE FASZINATION DER JAKOBSWEGE

Wir haben gelernt, dass weniger mehr ist! Wochenlang nur mit dem Inhalt eines Rucksackes, den man selber trägt, auszukommen, das erfordert Erfahrung. Wir haben gelernt, was wir alles nicht brauchen, und dass das Leben trotzdem oder gerade deshalb spannend ist. Wir haben gelernt, auf andere Menschen zuzugehen, das hat unser Leben reicher und bunter gemacht. Wir haben die Sehnsucht kennengelernt, die Sehnsucht nach einem Ziel. Mit einem Satz: Wir sind der Faszination der Jakobswege erlegen.

Diese Wege firmieren zwar unter „Fernwanderwege" und doch sind sie sehr viel mehr. Wir sind der Meinung, diese Wege kann man gar nicht einfach nur so gehen. Der Wanderer wird mit den unterschiedlichsten Begebenheiten konfrontiert, ob er will oder nicht. Und man wird sich auf das Abenteuer „Überraschung und Unsicherheit" einlassen müssen. Die Faszination wird nicht nur in dem religiösen Aspekt liegen, obwohl die Suche nach sich selbst und nach der göttlichen Ordnung sicher von großer Bedeutung ist. Die Herausforderung an Körper und Geist, schwierige Situationen zu meistern gehört dazu. Die Natur erleben, das ist einfach nur wunderbar. Ebenfalls spannend sind die internationalen Begegnungen mit anderen Menschen. Und falls es sie gegeben haben sollte, die Berührungsängste mit dem christlichen Glauben oder mit nicht kalkulierbaren Situationen, diese Ängste verlieren sich mit der Zeit und werden zu Erfahrungen. Letztendlich geht man gestärkt daraus hervor. Es ist die Summe dieser Aspekte, die die Faszination dieser Wege ausmacht.

Europa ist wie ein aufgeschlagenes Geschichtsbuch. Wo man auch hinkommt und wenn man es möchte, wird man mit vielen historischen Ereignissen und Legenden konfrontiert. So unzählige Fakten kann man in der Regel unterwegs gar nicht verarbeiten. Und die nötigen Informationen vor Ort zu erhalten, das kann schon an der Sprachbarriere scheitern. Unsere Neugierde mussten wir deshalb ein wenig zügeln und wir haben die entsprechende Literatur im

Nachhinein besorgt und somit unsere Wanderungen nachbereitet.

Seit 2007 sind Gerd und ich auf den klassischen spanischen und französischen Jakobswegen, dem Camino Frances und der Via Podiensis unterwegs gewesen und wir können nicht aufhören. So geht es im Übrigen vielen unserer Pilgerfreunde, der Camino de Santiago lässt uns nicht los. Mit dem Thema Jakobspilgern hatten wir uns bereits seit längerer Zeit befasst, aber erst als wir uns bereits auf dem Weg in Spanien befanden, wurde uns so richtig klar, dass es ein ganzes Wegegeflecht innerhalb Europas ist, was den Jakobsweg ausmacht und dass wir zumindest den klassischen Pilgerweg in Frankreich kennenlernen möchten. Und so kam es zu der etwas ungewöhnlichen Reihenfolge innerhalb der Wanderwege.

Inzwischen genügt uns das auch nicht mehr ganz und deshalb werden wir uns im April 2012 wieder auf den Weg machen. Diesmal beginnen wir unseren Pilgerweg, wie die Pilger in früheren Zeiten, von zu Hause aus. Wir planen für die Bewältigung dieser Strecke ungefähr ein halbes Jahr ein. Es herrscht also Aufbruchsstimmung bei uns, in dieser unvergleichlichen Mischung aus Vorbereitung, Planung, Anspannung und Bedenken. Nicht zu vergessen ist, dass wir auch unsere Körper für diese Anstrengungen fit machen müssen und so treiben wir Ausdauersport und laufen an den Wochenenden so manchen Kilometer in den Wanderschuhen.

In der Hamburger Pilgerkirche „St. Jacobi" haben wir uns im Rahmen der jährlich stattfindenden Pilgermesse den Pilgersegen erteilen lassen und hoffen sehr auf göttliche Unterstützung für das Gelingen unseres Vorhabens.

Reingard und Gerd Stein

Meckelfeld, März 2012

PILGERWEGE IN EUROPA

Die Pilgerwege in Europa, wie sie auf der Rückseite des Credencials abgebildet sind. Den Camino Francés in Spanien sind wir in zwei Wanderetappen gegangen, ebenso wie die Via Podiensis von der Mitte Frankreichs bis ins Pyrenäengebiet.

Die Strecke unserer Wanderungen ist grün gekennzeichnet:

2007 (Camino Francés) von St.-Jean-Pied-de-Port bis nach Burgos
2008 (Camino Francés) von Burgos bis Santiago de Compostela
2009 (Via Podiensis) von Le-Puy-en-Velay bis nach Moissac
2010 (Via Podiensis) von Moissac bis Aire sur l'Adour,
hier erfolgte der Abbruch der Wanderung, wenige Tage vor dem Ziel.

ST.-JEAN-PIED-DE-PORT BIS BURGOS
TAGEBUCH 2007

Mit den nachstehenden Fragen wurden wir häufig konfrontiert, wenn die Sprache auf unser Vorhaben kommt, den Jakobsweg zu gehen.

Wie seid ihr auf die Idee gekommen,
den Jakobsweg wandern zu wollen?

> Woher sollen wir das denn wissen!!! An Hape Kerkeling lag es jedenfalls nicht, denn diesen Gedanken trugen wir schon seit einer langen Zeit mit uns herum. Sein Pilgerbericht, der ein Bestseller wurde, kam uns sozusagen in die Quere.

Was versprecht Ihr euch davon,
diesen Weg zu gehen?

> Diese Frage können wir erst endgültig beantworten, wenn überhaupt, wenn wir den Camino de Santiago vollständig gegangen sind. Der spanische Teil des Jakobsweges, der Camino de Santiago ist ca. 800 Kilometer lang, das schafft man nicht innerhalb von drei Wochen. Und solange wir noch keine Rentner sind, können wir diese Strecke nur in Etappen bewältigen. Und die erste Wanderetappe ist für dieses Jahr vorgesehen. Wir werden ganz klassisch in Frankreich, in St.-Jean-Pied-de-Port mit dem Navarrischen Weg beginnen und unser Camino wird uns bis nach Burgos führen. In den folgenden Jahren wollen wir den Weg in zwei weiteren Wanderetappen vervollständigen.

Warum wollt ihr den Jakobsweg gehen?

> Diese Frage können wir sofort beantworten. Dieser Weg wird seit über 1000 Jahren von Pilgern aus ganz Europa gegangen. Sei es aus Buße für Vergehen, sei es als Fürbitte oder aus Dankbarkeit. Die Pilger aus alten Zeiten sind nicht wie wir mit dem Flugzeug angereist, nein, sie sind die gesamte Strecke hin und zurück zu Fuß gegangen. Bedroht von Räubern, Kriegen und Krankheiten, Erschöpfung und Tod. Da muss es etwas geben, was sie ungeachtet der Gefahren dazu getrieben hat, diesen Weg zu gehen. Wir sind außerordentlich fasziniert und neugierig zugleich, das treibt uns an.

Um das Apostelgrab in Santiago de Compostela ranken sich sehr viele Legenden und historisch belegt ist eigentlich nur, dass der Apostel Jakobus in Palästina den Märtyrertod gestorben ist. Auch über das Todesjahr gibt es keine gesicherten Daten, in der Literatur nimmt man das Jahr 44 n. Chr. an. Die Legende erzählt, dass der tote Jakobus von seinen Gefährten Athanasius und Theodorus in ein Boot gelegt wurde, welches von Engeln geleitet, in sieben Tagen bis nach Galicien segelte. Er wurde in der Gegend des heutigen Santiago beigesetzt und sein Grab und die Gräber seiner Gefährten gerieten für Jahrhunderte in Vergessenheit. 800 Jahre später nahm ein Einsiedler Lichtzeichen über dem Grab wahr und informierte den Bischof Theodemir von Iria Flavia. Dieser ließ das Grab öffnen und identifizierte die aufgefundenen Gebeine als die des Apostels Jakobus. Ob der Jünger Jesu jemals in Spanien missioniert hatte, ist gleichfalls historisch nicht belegt. Um einen bestimmten Ort aufzuwerten, wurde schon in alten Zeiten mit vielen Tricks gearbeitet. Um Santiago de Compostela als Bischofssitz zu legitimieren, kam diese Apostellegende gerade recht. Martin Luther zum Beispiel hatte erhebliche Zweifel an der Echtheit der Reliquien. Dieses wieder gefundene Apostel-Grab wurde neben Rom und Jerusalem zum wichtigen Pilgerziel. Auch für politische Zwecke wurde der Apostel Jakobus eingesetzt. So soll er in der Schlacht bei Clavijo (Rioja) im Jahr 844 höchst persönlich, hoch zu Ross, für die Sache der Christen gegen die Mauren gefochten haben. Seitdem wird der Apostel auch mit Schlachtross und gezogenem Schwert als Matamoros (Maurentöter) dargestellt. Die Not der Menschen dieser Zeit mag ja verständlich sein, aber einen Heiligen als bewaffneten Kämpfer gegen die Sarazenen darzustellen, das mutet mehr als seltsam an. Uns persönlich ist die Darstellung des Apostels als Peregrino, als Pilger, doch wesentlich lieber.

Die fränkische St-Jakobusgesellschaft in Würzburg hat uns den Pilgerausweis, den Credencial del Peregrino", ausgestellt und uns per Internet unsere Fragen kompetent beantwortet. Der Pilgerausweis wird als Nachweis für die Pilgerschaft und für den Aufenthalt in den Refugios benötigt.

Unsere Wanderschuhe und die übrige Ausrüstung für diesen Weg hatten wir schon im Dezember 2006 gekauft. Mit den Schuhen sind wir immer fleißig herumgelaufen, denn nicht eingelaufene Wanderschuhe sorgen für Blasen und damit für Verdruss. Insgesamt haben wir in unserer Heimatregion rund 100 Kilometer als Trainingsstrecke zurückgelegt, denn wir hatten in unserem Wanderführer schon gelesen, dass gerade die ersten beiden Wandertage die anspruchsvollsten sein werden. Berge konnten wir nicht herbeizaubern, die höchsten Erhebungen sind die Elbdeiche und die Harburger Berge. Für Leute aus Bayern sind das vermutlich nur Hügel. Aber untrainiert sind wir nicht gestartet.

MECKELFELD – BAYONNE 3. JUNI 2007

Das hätten wir nun auch nicht vermutet, dass wir an diesem Sonntagmorgen fast nicht aus Meckelfeld herausgekommen wären. Um 7.00 Uhr morgens jedenfalls ist kein Taxi zum Bahnhof zu bekommen. Die Busverbindung ist auch sehr schlecht und da wir ja ohnehin eine Wandertour beginnen wollen, warum fangen wir da nicht gleich von zu Hause aus an. Auf dem Weg zum Bahnhof können wir dann doch noch ein Taxi anhalten und so bleiben wir doch im Zeitrahmen für den Abflug vom Hamburger Flughafen. Meine Schwester Marlene und Eli, ihr Mann, begleiten uns zum Flughafen und nachdem eingecheckt ist, haben wir sogar noch etwas Zeit für ein kleines Käffchen. Im Flughafen-Restaurant ist eine Mordsstimmung, denn die Jungs vom FC St. Pauli bereiten sich zusammen mit ihren Betreuern und dem Präsidenten Corny Littmann mit ein paar Bieren auf ihren Abflug vor. Als dann an unserem Gate der FC St. Pauli aufgerufen wird, denken wir, dass wir uns um das Bordentertainment keine Sorgen mehr machen müssen. Allerdings sagt uns ein Flughafenmitarbeiter, dass die FC St.-Pauli-Jungs nicht wie wir nach Toulouse fliegen werden, sondern nach Mallorca. Da der Glückwunsch für den Aufstieg des Clubs in die Bundesliga an unserem Flieger angebracht worden ist, findet dort ein Fotoshooting statt. Gut zwei Stunden später dann die Landung in Toulouse. Wir haben keine Ahnung, wie schnell wir vom Flughafen zum Bahnhof Matabiau kommen können, denn um 14.00 Uhr fährt unser Zug nach Bayonne an der Atlantikküste ab. In Hamburg hatten wir zwar auch schönes Sommerwetter, aber in Toulouse ist es dermaßen warm, dass uns die Socken qualmen, in unseren Wanderschuhen. Es ist eine sehr angenehme vierstündige Bahnfahrt, immer an den Pyrenäen entlang bis nach Bayonne. Die Sonne hat sich zwischenzeitlich hinter den Wolken versteckt und so empfinden wir Bayonne eher als etwas trist und grau. Wir hatten per Internet das Hotel Loustau gebucht, direkt am Bahnhof gelegen, denn wir beabsichtigen, gleich morgens um 7.45 Uhr mit dem Zug nach St.-Jean-Pied-de-Port zu fahren, um unsere Pilgerreise zu beginnen.

BAYONNE – ST.-JEAN-PIED-DE-PORT – RONCESVALLES
4. JUNI 2007

Als wir am frühen Morgen aus dem Hotelfenster luschern, sehen wir, dass das Wetter etwas unentschieden ist. Aber das nützt ja alles nichts, denn heute soll es losgehen. Ein bisschen aufgeregt sind wir schon, als wir da so im Zug sitzen. Dass unser Reiseziel ein nicht ganz gewöhnliches ist, bemerkt man schon an den Mitreisenden. Von einigen hat man den Eindruck, dass sie sich auf den gleichen Weg machen wollen wie wir. Zwei französische Mädchen singen heilige Lieder und es ist alles ziemlich merkwürdig. So etwas erlebt man in Hamburg selten oder gar nicht. Gedanklich haben wir uns auch noch nicht wirklich mit unserem „Pilgerstatus" identifiziert. Merkwürdig alles, ich kann es nicht oft genug sagen, besonders für protestantische Norddeutsche.

In St.-Jean-Pied-de-Port hängen die Wolken sehr tief und wir glauben, wir werden heute die Pyrenäen nicht im Sonnenschein erleben. Am Bahnhof gibt es ein kleines Orientierungsproblem und der Rucksack sitzt auch noch nicht so richtig. Wir hatten zuvor keine Zeit gehabt, mit einem voll gepackten Rucksack mal eine Übungstour zu machen. Sinnvoll wäre es gewesen.

In einer Bäckerei kaufen wir unseren Proviant, vier Croissants und etwas Mineralwasser. Und dann suchen wir uns die Wegmarkierungen, das ist uns am Anfang nicht leicht gefallen, aber ein Franzose hilft uns weiter, als er unsere Orientierungslosigkeit bemerkt. Er fragt uns auf Französisch: „Chemin de St. Jacques"? Ich quicke nur: „Oui" und er spricht sofort in Englisch mit mir weiter. Das ist doch mal wirklich großartig.

Die Porte d'Espagne finden wir jetzt und von nun an können wir uns an die rot-weißen Markierungen halten. In Frankreich ist der Jakobsweg mit einer anderen Kennzeichnung ausgeschildert, als in Spanien. Im Wanderführer steht, die Straße sei leicht ansteigend. Das finde ich ja nun überhaupt nicht angemessen, denn nach einem Kilometer geht mir so total die Puste aus, derart, dass ich schon glaube, gleich umfallen zu müssen. Aber ich bleibe dran und so kommt dann die zweite Luft und an diesem Tag werden wir noch eine dritte und vierte brauchen.

St.-Jean-Pied-de-Port liegt auf einer Höhe von 200 Metern über dem Meeresniveau und wir haben heute einen Aufstieg auf 1.450 Meter vor uns. Die Luftfeuchtigkeit ist sehr hoch, aber das ist kein Regen, jedenfalls noch nicht. Wir müssen immer wieder stehen bleiben und durchschnaufen, weil der Anstieg so anstrengend ist. Mit dem Rücken zur Bergseite werden nach der Methode der Schwangerschaftsvorbereitung die Anstrengungen und Schmerzen veratmet. Und so schrauben wir uns immer höher. Wir bleiben auf der Asphaltstraße, die immer glitschiger wird, da sich die Hinterlassenschaften der Schafe mit den Kuhfladen und dem Regen zu einem unvergleichlichen Belag vermischen. Laut Wanderführer sollten wir auf einen Viehtriebweg abgebogen sein, aber, das haben wir irgendwie nicht ganz mitgekriegt und so wundern wir uns, als auf einmal Wanderer auftauchen, die wir zuvor nicht wahrgenommen hatten. Gerd prüft jetzt, was sein Schrittzähler, den er in Hamburg unbedingt kaufen musste, anzeigt. Der Schrittzähler sagt: 2,8 Kilometer. Nie und nimmer! Das kann doch überhaupt nicht angehen! Wir haben zwar keine Ahnung, wie lange wir schon gegangen sind, aber 2,8 Kilometer, das ist viel zu wenig.

Unterwegs treffen wir eine Gruppe Wanderer, es sind zwei Schweizer Mädchen und ein junger Österreicher, die wir in den folgenden Tagen noch des Öfteren treffen werden und ein Ehepaar aus Nürnberg, das noch bis Pamplona zu gehen beabsichtigt. Von dieser Herberge, die direkt an unserem Weg liegt, steht in unserem Wanderführer nichts, vielleicht liegt es daran, dass sich dieses Refugio noch zu nah am Ausgangspunkt befindet. Wir jedenfalls sind dankbar, dass wir im Trockenen eine Pause machen können. Ich muss meine Bluse wechseln, denn meine Kleidung ist vom Schweiß total durchnässt. Diese Herberge ist etwa sieben Kilometer von unserem Ausgangspunkt entfernt und ist für den Rest unserer Tagesetappe die letzte Möglichkeit, mal gemütlich sitzen, essen und trinken zu können. Ach ja, Gerd entsorgt im hohen Bogen seinen Schrittzähler, weil das Teil so total spinnt!

Und die Landschaft? Wie wir sehen, sehen wir nichts! Es verschwindet alles im Nebel und wir gucken nur in das wabernde Weiß. Kurz hinter der Herberge lesen wir noch ein Schild, auf dem in sechs Sprachen davor gewarnt wird, bei schlechtem Wetter den Weg beim Steinkreuz zu gehen. Gerd sagt: „Für Hamburger gibt es kein schlechtes Wetter." So'n Schiet ook, was mit dem schlechten Wetter auf dem Schild gemeint ist, wir sollten es noch erfahren. Je höher wir kommen, desto dichter wird der Nebel. Gerd schätzt so auf 30 Meter Sicht. Dass da Schafe, Pferde und Kühe auf den Weiden sein müssen, können wir nur an den Geräuschen erkennen. Und die Geräusche werden durch den Nebel gedämpft. Und tief unter uns, da rauscht ein Bach. Wir möchten uns gar nicht vorstellen, wie tief da unten. Und trockene Stellen gibt es weit und breit keine, es hat sich so richtig herrlich eingeregnet. Solchen Dauerregen kennen wir schließlich zur Genüge von unserer flachen norddeutschen Heimat her. Den Proviant müssen wir im Stehen verzehren und die Rucksäcke können wir nicht vom Rücken nehmen, weil überall Matsch und triefende Nässe ist.

Hinter dem Steinkreuz Thibault haben wir so etwas wie ein Edgar-Wallace-Erlebnis. Aus dem dichten Nebel und dem Regen heraus tauchen drei dicht beieinander stehende Gestalten auf. Aber wir sind ja nicht im Dartmoor, sondern auf dem Jakobsweg. Diese drei Gestalten geben sich als Amerikaner zu erkennen, die sich vor lauter Erschöpfung erst einmal ein Zigarettchen durch die Lungen ziehen müssen. Ha, das wäre nun das allerletzte gewesen, was ich in so einer Situation gebraucht hätte, aber bitte sehr. Nach einem sehr kurzen Klönschnack setzen wir unsere Wanderung fort, denn zum Verweilen ist es einfach zu ungemütlich.

In einigen Wanderführern habe ich etwas von tiefgründigen Wegen gelesen. Dass damit nicht etwa die Gedanken gemeint sind, sondern der Untergrund, sollen wir jetzt erfahren. Der Pfad wird immer federiger und schließlich zu einer einzigartigen schwarzen Pampe, in der wir bis zu den Knöcheln versacken. Irgendwohin ausweichen, das ist nicht möglich. Zur linken Seite ragt der Fels auf, zur rechten wird der Abgrund durch einen Stacheldrahtzaun begrenzt und dazwischen befindet sich der Pilgerpfad, der sich im Laufe der Zeit von sehr vielen Pilgerfüssen und Fahrradreifen in ein einziges Matschloch verwandelt hat. Und so waten und staken wir dann dort durch, immer darauf bedacht, dass uns kein Wasser in die Schuhe läuft. Die Sicht bleibt grottenschlecht und die Rolandsquelle bemerken wir eigentlich nur dadurch, dass wir sozusagen unmittelbar an ihr vorüber stolpern. Hier reinigen wir unsere Schuhe, weil wir glauben, das war's mit dem Schlamm. Weit gefehlt, es ändert sich nur die Farbe, von schwarzer Pampe zur rotbraunen Pampe.

Aber, und das ist für mich besonders wichtig, dies ist historischer Schlamm. Wir befinden uns jetzt auf dem Gebiet, von dem das Rolandslied sagt: *„Hoch sind die Berge und die Täler finster, die Felsen düster, die engen Wege bedrohlich."* Hier fand im August 778 das große Gemetzel, angeblich durch die Sarazenen, statt, wurde die gesamte Nachhut Karls des Großen, angeführt von seinem Neffen Roland, hingeschlachtet. *„Roland, mein Gefährte, so blast doch den Olifant. Karl wird es hören und das Heer umkehren lassen. Der König wird uns mit seiner ganzen Ritterschaft zu Hilfe kommen."* So bat der Kampfgefährte Olivier insgesamt dreimal und als Roland dann schließlich doch das Horn Olifant blies, war es für sein Heer zu spät. *„Mit Mühe und Qual, unter großem Schmerz, bläst Graf Roland seinen Olifant. Aus seinem Mund schießt ihm das helle Blut, die Schläfe an seinem Schädel zerspringt dabei. Der Schall des Horns, das er hält, trägt sehr weit; Karl, der über die Pässe zieht, hört ihn."* Und so findet der Kaiser die Reste seines Heeres vor: *„Roland ist tot; Gott hat seine Seele im Himmel. Der Kaiser erreicht Roncesvaux. Es gibt keinen Weg und keinen Pfad, nicht eine freie Stelle, sei sie auch nur eine Elle oder einen Fuß breit, wo nicht ein Franke oder ein Heide läge."* Und bevor der Kaiser die Verräter im eigenen Lager zur Strecke bringt, verfolgt er das Sarazenenheer bis nach Saragossa. Im Rolandslied heißt es weiter: *„Der Kaiser lässt seine Trompeten erklingen, dann reitet der edle Krieger mit seinem großen Heer los. Sie zwingen die aus Spanien zur Flucht. Und alle gemeinsam nehmen die Verfolgung auf. Als der König sieht, dass die Nacht hereinbricht, steigt er auf einer Wiese auf dem*

grünen Gras vom Pferd, wirft sich zu Boden und bittet Gott den Herrn, dass er für ihn die Sonne anhalte, die Nacht herauszögere und den Tag verlängere. Da kommt ein Engel zu ihn herab, der mit ihm zu sprechen pflegte, der ihm unverzüglich befiehlt: „Karl, reite zu! An Helligkeit wird es dir nicht fehlen. Du hast die Blüte des Frankenreichs verloren, Gott weiß es. Du kannst dich rächen an dem verbrecherischen Volk."
„Bei diesen Worten stieg der Kaiser wieder auf sein Pferd."

Soweit die historischen Begebenheiten, phantasievoll durch die Dichter des Chanson de Roland ausgeschmückt und nach eigenem Gusto erweitert, denn der Feldzug des großen Karls war längst keine so große Erfolgsgeschichte, wie dargestellt. Und ob tatsächlich die Sarazenen die Nachhut aufrieben oder vielleicht doch eher die baskische Urbevölkerung einen Rachefeldzug führte, wegen der großflächigen Zerstörungen in ihren Gebieten durch des großen Karls Armee, wird schamhaft verschleiert.

Wir sind zwischenzeitlich auch gar nicht mehr so unglücklich darüber, dass der Nebel so dicht ist. Denn wir stellen uns vor, wir hätten von Anfang an sehen können, wie hoch wir denn da noch rauf müssen. Da hätten wir womöglich einen Horror bekommen. So laufen wir von den Sichtverhältnissen unbelastet immer weiter und weiter. Die grüne Grenze zwischen Frankreich und Spanien überschreiten wir, ohne etwas davon zu bemerken, kurzsichtig, wie wir so sind. Die Anstrengungen und die mangelnden Pausen machen sich bemerkbar, denn wir sind erschöpft und müde, doch auf einem Wegweiser können wir lesen, dass es noch sechs Kilometer bis nach Roncesvaux oder spanisch Roncesvalles sind. Es geht weiter durch den Morast, unsere Hosen nehmen zwischenzeitlich schon die verschiedenen Farben des Erdbodens an. Der Abstieg durch einen Buchenwald aber, der hat es in sich, er ist steil und unwegsam und wir wissen nicht zu sagen, was schlimmer ist, ein steiler Aufstieg oder ein steiler Abstieg. Durch unsere Müdigkeit sind wir jedenfalls ziemlich verletzungsgefährdet, denn der felsige Untergrund ist mit einer nur dünnen Humusschicht bedeckt und man kann ganz leicht ins Rutschen kommen, oder über die weitverzweigt aufliegenden Wurzeln der Bäume und Sträucher stolpern.

Die Teleskopstöcke, die uns den Abstieg erleichtert hätten, waren in Hamburg zurückgeblieben, denn Gerd erschien es einfach zu und zu alberich, mit den Stöcken da in der Gegend herumzulaufen. Eines der Schweizer Mädels hat mir später gesagt, dass sie das Elend, wie wir da die Berge runter geeiert sind, einfach nicht mehr mit ansehen konnte. Und sie konnte es nicht fassen, wie diese Leute, Flachlandtiroler die wir sind, so über die Berge marschieren können. Am zweiten Wandertag jedenfalls rüsten wir uns mit zwei kräftigen Wanderstöcken aus. Wir hätten es schon am ersten Tag leichter haben können, aber hinterher ist man immer schlauer. Der Abstieg beträgt 400 Höhenmeter und als wir wieder menschliche Ansiedlungen wahrnehmen, scheint sogar die Abendsonne. Gegen 18.00 Uhr kommen wir in Roncesvalles an. Für diese 26 Kilometer haben wir neun Stunden gebraucht. Pausen waren nicht so sehr angesagt, von der nach sieben Kilometern mal abgesehen. Unser Essen und unser Wasser haben wir immer im Stehen zu uns genommen und die Rucksäcke blieben wegen der Nässe auf dem Rücken.

Voller Schlammspritzer, schweißnass, regennass, müde und irgendwie auch euphorisch, so kommen wir in der Herberge an. Der Hospitalero ist Holländer; er nimmt mir den Rucksack von Rücken und ich lasse mich auf einen Stuhl fallen. Den Gerd schickt er los, dass Übernachtungsentgelt im Pilgerbüro zu bezahlen. Wir wundern uns schon ein wenig darüber, dass Gerd für den kurzen Weg so lange Zeit braucht. Wie wir später hören, ist im Kloster gerade ein Fernsehteam unterwegs, das einen Bericht über den Pilgerweg dreht, deshalb muss Gerd warten. In der Herberge kann man die Wäsche in der Maschine waschen und trocknen lassen, was wir auch sofort in Anspruch nehmen. Gerd reinigt die Goretex-Wanderschuhe unter fließendem Wasser und es wird ihm klar, dass wir unsere Schuhe mit einem persönlichen Kennzeichen versehen müssen, wenn wir am anderen Tag auch unsere eigenen Schuhe schnell wieder finden wollen, denn die Wanderschuhe sehen alle irgendwie ähnlich aus und in den Refugios werden die Schuhe und die Stöcke grundsätzlich in eigens dafür vorgesehenen Regalen abgestellt.

Die Ortsbezeichnungen hier im Baskenland sind immer zweisprachig angegeben und Roncesvalles ist auf Baskisch Orreaga. Dieser historische Ort ist in seiner Größe außerordentlich überschaubar, denn er besteht nur aus den wenigen Gebäuden der Klosteranlage, den Kirchen, dem Hotel und einem großen Parkplatz für die Touristen. Nachdem wir geduscht haben, treffen wir uns mit anderen Pilgern in der Bar zum Abendessen. Im Schlafsaal zählt Gerd etwa 75 Doppelstockbetten. Der riesige und hohe Schlafsaal ist in einem der uralten Gebäude des Klosters untergebracht. Es gibt nur zwei kleine Fenster für den ganzen Raum, ganz oben in der Höhe und die Mauern bestehen aus grob behauenen Steinen. Unsere Betten befinden sich auf der oberen Ebene. Eine Leiter oder einen Stuhl zum Hochklettern gibt es nicht. Ich bin so alle, als ich mich da nicht sonderlich elegant in mein Bett hochquäle, die anderen haben sich jedenfalls schlapp gelacht. Um Punkt 22.00 Uhr ist zappenduster, geht das Licht aus; Zapfenstreich! Unsere erste Nacht als Pilger in einem Refugio!

Wir sind heute noch verwundert darüber, wie wir diese schwierige, anstrengende, nasse und schlammreiche Pyrenäenetappe überhaupt geschafft haben! Wahrscheinlich getragen von einer unglaublichen Neugierde! Für uns ist dies die allererste wirkliche Hochgebirgserfahrung! Gleich am Anfang unserer wunderbaren Wanderung und so geschichtsträchtig. Herrlich!

RONCESVALLES – LARRASOAÑA   5. JUNI 2007

In den Refugios ist es allgemein nicht üblich, dass man ein Frühstück bekommen kann, so auch hier. Wir packen in aller Frühe unsere Sachen zusammen und machen uns wieder auf den Weg. Dass der Pilgertag spätestens um 6.00 Uhr morgens beginnt, daran werden wir uns gewöhnen müssen. Draußen ist es noch neblig, das ist der Frühnebel, der sich bald auflösen wird. Wir fühlen uns erstaunlich frisch nach der gestrigen Tortur und der freundliche Nebel lässt uns beschwingt und voller Spannung in den neuen Tag starten.

Wir müssen uns daran gewöhnen, mit dem Wanderführer zu arbeiten, das hatte gestern noch nicht so überzeugend geklappt. Der Weg führt uns am Rolandskreuz vorbei, über dieses Denkmal habe ich die unterschiedlichsten Altersangaben gefunden. Jedenfalls erinnert und bezieht sich dieses Kreuz auf die historischen Ereignisse des Jahres 778. Wir halten uns dort nicht weiter auf, denn wir haben Hunger! Und in dem nächsten Ort Auritz/Burguete ist schon eine Bar geöffnet. Das ist keine Selbstverständlichkeit, denn die Bars machen in Spanien gewöhnlich nicht vor 9.00 Uhr auf. Diese Bar hat sich wohl auf die frühstückslosen Pilger eingestellt und so bestellen wir Cafe con Leche und wir lernen die berüchtigten Bocadillos kennen. Bocadillos, das sind kleine halbe Weißbrote mit Käse und Schinken und evtl. mit Tomate und/oder Gurke belegt. Diese Brote sind derart trocken, dass man sie nur über einen längeren Zeitraum mit sehr viel Flüssigkeit wiederkäuen kann. Wir haben diese Brote sehr zu schätzen gelernt, denn man kann sie durchaus noch am nächsten Tag essen, ohne dass sie trockener geworden wären. Wir kaufen in der Bar noch jeweils zwei Äpfel und Orangen und wie wir später feststellen werden, ist das fast die ganze Nahrung für diesen Tag.

Die Sonne scheint und es ist leicht bewölkt und wir sind von unserer Umgebung begeistert. Es ist unglaublich, dieses satte Grün, die blumenübersäten Bergwiesen und im Hintergrund die blauen Pyrenäen. Was uns wohl an Ausblicken gestern entgangen ist. Die navarrischen Dörfer sind sehr gepflegt und die Wege zunächst auch. Wir kommen immer wieder durch blitzsaubere Ortschaften, über Weideland und durch Wälder. Wir bleiben immer wieder stehen und sehen uns in der Gegend um. Fotografisch festhalten kann man diese Bilder ohnehin nicht, diese Eindrücke muss man schon alle in sich aufnehmen. Bis hierhin ist alles in Ordnung. Aber vor dem Passo Erre beginnt wieder der Schlamm und weil es heute nicht mehr regnet, machen sich gleich die fiesen Mückenviecher breit. Die Wege, die wir jetzt gehen, haben diesen Namen nicht verdient, denn wir arbeiten uns wieder von Matschloch zu Matschloch. Der Abstieg vom Erro-Pass nach Zubiri ist mörderisch anstrengend. Seit heute sind unsere Wanderstöcke im Einsatz, das hilft sehr beim Aufstieg, denn man kann sich so ein bisschen dran hochziehen, die Tiefe der Matschlöcher kann man damit ausloten und beim Abstieg kann man sich abstützen. Ich kann mir gar nicht mehr vorstellen, wie das ohne die Stöcke abgegangen sein sollte. Der felsige Boden ist übersät mit Geröll und wir müssen unsere Schritte sehr sorgfältig setzen. Auf diesem Abschnitt hat es einige Verletzte gegeben, wir haben sie später kennen gelernt und etliche mussten die Pilgerwanderung dann auch abbrechen, wie z. B. die französische Familie, Großvater Jean-Paul, die verletzte Großmutter und Enkel Samuel aus Rennes. Die Müdigkeit ist der größte Feind und es droht Verletzungsgefahr durch Unaufmerksamkeit, aber es gibt wieder keine Gelegenheit für eine Pause, dieses Mal, weil das Gelände dies nicht zulässt. Ich sage Gerd, dass wir in Zubiri auf jeden Fall eine längere Pause machen müssen und dass wir dann auch überlegen wollen, ob wir an diesem Tag wirklich noch die weiteren sechs Kilometer bis nach Larrasoaña gehen wollen. In Zubiri überqueren wir die berühmte Brücke über den Río Arga. Im Wanderführer lesen wir, dass in alten Zeiten geglaubt wurde, wenn von der Tollwut befallene Tiere drei Mal über diese Brücke geführt würden, wären sie geheilt. So geht Aberglaube! Es ist nachmittägliche Ruhe und es ist alles geschlossen, nur vor der Bar gibt es einen Getränkeautomaten und einen Tisch mit Stühlen im Schatten. Nun ja, immerhin. Seit dieser Erfahrung haben wir immer genügend Kleingeld in der Tasche, damit wir uns in solchen Situationen etwas zu trinken kaufen können.

Im Wanderführer ist die Strecke Roncesvalles bis Larrasoaña als mittelschwer eingestuft. Das können wir überhaupt nicht nachvollziehen. Wir finden die Strecke am Erro-Pass ganz schön haarig und die gut ausgebauten Wege am Anfang der Tagesetappe sind ein schwacher Trost. Vielleicht empfinden das nur die Leute aus den platten Landen so. Also, jetzt hier nicht schwächeln!

Hier in Zubiri vor der Bar lernen wir Gregor kennen. Nachdem wir längere Zeit gesessen hatten, hat Gerd mich überredet, doch noch die paar Kilometer weiter zu gehen. Na ja, sechs bis acht Kilometer, das bedeutet für uns noch eine zweistündige Gehzeit, vorbei an einem hässlichen Fabrikgelände und dann wieder durch Wälder und Felder. Und endlich, endlich taucht der Ort Larrasoaña vor uns auf. Wir sehen, dass alle anderen Pilger auch humpeln wie wir. Diese 26 Kilometer haben uns schwer gefordert. Das Refugio ist in dem ehemaligen Rathaus untergebracht und es empfängt uns dort eine sehr resolute Dame. Ich lasse mich auf der Holzbank nieder und die Hospitaleria sagt etwas von „deportivo ùltimo" (ultimativer Sport). Sí, kann ich nur bestätigen. Eine Engländerin empfiehlt uns, im Restaurant das Essen unbedingt noch vor dem Duschen zu bestellen. Das machen wir natürlich nicht, denn wir wollen erst aus den stinkenden Klamotten raus. So können wir erst ab 20.00 Uhr Essen bekommen, das ist Gerd viel zu spät und so sitzen wir dann vor der Kirche in der Abendsonne und muffeln die Schokoladenmuffins, die wir in der Bar gekauft haben.

Gregor treffen wir in der Bar beim Cerveza (Bier) wieder. Er hatte sich Lebensmittel eingekauft, um selbst zu kochen. Die richtige Lust dazu fehlt ihm allerdings. So testen wir zusammen die fette Paprikawurst an und die Nudeln und die Tomaten stellt Gregor der Allgemeinheit zur Verfügung.

LARRASOAÑA – PAMPLONA 6. JUNI 2007

Na, diese 15 Kilometer bis nach Pamplona sind ja wohl ein Spaziergang, nachdem, was wir so bisher geleistet haben. Haben wir so bei uns gedacht. Aber wir müssen die Erfahrung machen, dass einem auf dem Jakobsweg nichts geschenkt wird und dass man sich alles erarbeiten muss.

Am Morgen vor dem Abmarsch lernen wir den Bürgermeister des Ortes kennen und erhalten von ihm seine Visitenkarte: *„Santiago Zubiri Elizalde – Amigo del Camino de Santiago"*. Diese Visitenkarte sagt doch alles. Um 7.30 Uhr kommt noch ein Bäckerauto vorbei und wir können uns noch mit Brot und Croissants für den Tag eindekken. Ansonsten ist es um unsere Ernährung eher mau bestellt. Auch meine ich, dass wir Anja und Volker bereits in Larrasoaña getroffen haben, als wir vor der Herberge zusammen mit einigen Pilgern auf den Bäckerwagen warten.

Am Ufer des Flusses geht es weiter. Es ist wirklich idyllisch, der schnellfließende Fluss und das waldgesäumte Ufer und im flachen, dahin sprudelnden Wildwasser stehen die Angler. Wir müssen auch teilweise auf der Straße gehen und einen großen Parkplatz queren, um dann einen steilen Pfad zu nehmen, der hoch über der Straße entlang führt. Und den Fußgängern wird zugemutet, die tiefen Einschnitte in die Berge, für die Straße, erst runter und dann wieder hoch zu klettern.

Nach einiger Zeit bemerkt man, dass die Bebauung der Ortschaften dichter und moderner wird, ein untrügliches Zeichen dafür, dass wir uns Pamplona nähern. In einem sehr schönen Park in der Ortschaft Trinidad de Arre machen Gerd und ich sehr gemütlich Siesta, bevor wir die restlichen sechs Kilometer städtisch geprägter Straßen nach Pamplona weitergehen. Kurz hinter der Magdalenenbrücke entdecken wir ein Schild auf dem steht: „Albergue Paderborn 100 m". Da gehen wir hin! Es ist ein sehr hübsches altes Haus und wir halten es zunächst nicht für eine Pilgerherberge. Dort werden wir sehr herzlich mit einem kleinen Klönschnack empfangen und vor allem bekommen wir gleich ein kaltes Zitronenwasser. Das ist eine Wohltat. Gerd und ich erhalten die beiden letzten freien Betten, ganz oben unter dem Dach, zu erreichen über eine ausgesprochen steile, enge Treppe.

Durch das Fenster sehen wir, dass Gregor, der aus der Stadt Paderborn stammt, ankommt. Wir fragen den Herbergsvater, ob er nicht doch noch ein Plätzchen für einen Bürger seiner Stadt frei hat, aber er muss passen. So macht Gregor eine Pause und erhält ein kaltes Getränk, bevor er weiter in die Stadt hineingeht. In dieser Herberge treffen wir auch wieder auf die Schweizer Mädels und den Lorenz aus Österreich.

Die Albergue Paderborn ist aus der Städtepartnerschaft zwischen Pamplona und Paderborn entstanden. Auf dem Stempel in unserem

Credencial entdecken wir drei Hasen, die, so erfahren wir, auch im Domfenster von Paderborn zu finden sind. Die Stadt Paderborn selbst haben wir bisher noch nicht kennen gelernt. Die Hospitaleros aus Deutschland sind ehrenamtlich jeweils für ein paar Wochen im Jahr tätig und das sei ein harter Job, wie uns versichert wird. Auch in dieser Herberge können wir unsere Wäsche in der Maschine waschen lassen und wir raffen sofort alles zusammen, was wir bereits benutzt haben und trocknen die Wäsche auf der Leine während Gerd und ich die Stadt besichtigen.

Der amerikanische Schriftsteller Ernest Hemingway machte durch seinen Roman „Fiesta" die Stadt Pamplona und ihr eigenwilliges Patronatsfest Sanfermines im Jahr 1926 weltberühmt. An Sanfermines, zu Ehren des Schutzheiligen San Fermín (6. – 14. Juli), laufen die Teilnehmer in einer Hatz vor den Stieren her, durch die Altstadt Pamplonas bis zur Stierkampfarena. An diesem Stierlauf nehmen sowohl Ausländer als auch Einheimische teil, nur schwangeren Frauen und Kindern ist die gefährliche Mitwirkung untersagt. Es kommt immer wieder sogar zu tödlichen Unfällen, verursacht durch Leichtsinn und Selbstüberschätzung. Eine sehr archaische Tradition und es regt sich bereits Widerstand, sowohl gegen die Corrida (Stierkampf) als auch gegen den Encierro (Stierlauf). In der Altstadt trifft man immer wieder auf die Spuren Hemingways, der für diese Stadt, ihr Brauchtum und für Spanien sehr große Sympathien hegte. Dem Pilger allerdings wird dringend empfohlen, die Stadt Pamplona Anfang Juli zu meiden, sofern ihm nicht der Sinn nach Trubel steht. Denn dann ist dort alles mit Touristen überfüllt und Unterkünfte kaum zu haben und entsprechend teuer sind sie obendrein.

Eigentlich haben wir einen ziemlich guten Orientierungssinn, aber in Pamplona versagt der total. Wir schleichen immer um den Plaza de Toros und das Castillo herum, vielleicht liegt es daran, dass wir total ausgehungert sind und erst einmal was Essbares finden müssen. Nach Tapas steht uns nicht der Sinn, wir wollen endlich mal ein ganz normales Menü essen. Der Herbergsvater gibt uns den Tipp, es im Restaurant im Sportzentrum in der Nähe der Herberge zu versuchen. Es ist etwas laut dort, aber wir essen und trinken alles, was uns schmeckt.

Auf dem Rückweg kommen wir an der seltsamen Brücke vorbei, die ohne seitliches Geländer auskommt sowie im Zickzack und mit einem hohen Bogen über den schnellfließenden Fluss führt. Bei so einem Bauwerk würde in Deutschland den verantwortlichen Behördenmenschen der Angstschweiß im Gesicht stehen. Tatsächlich sollen häufig, insbesondere nachts, angetrunkene Personen im Fluss landen. Abends sitzen wir dann noch in gemütlicher Runde mit den anderen Pilgern, unter ihnen auch Anja und Volker und den Herbergseltern zusammen im Garten. Ein deutscher Mann liegt auf einer Liege, er hat sich beim Abstieg nach Zubiri die Füße sehr schwer malträtiert und der Arzt hatte ihm dringend eine längere Pause verordnet.

PAMPLONA - OBANOS 7. JUNI 2007

Um 6.00 Uhr morgens werden wir durch den Herbergsvater mit Mundharmonika-Musik geweckt. Hier in der Albergue Paderborn erhalten wir ein Frühstück, das ist ungewöhnlich auf diesem Weg und wahrscheinlich der bodenständigen westfälischen Gastfreundschaft zu verdanken. Die Herbergsmutter hatte keine Mühen gescheut, in Pamplona so etwas wie Schwarzbrot aufzutreiben. Weiterhin gibt es Butter, Marmelade und Kaffee oder Tee. Einfach und köstlich. Da es im Gebäude sehr eng ist, findet das Frühstück im Büro statt. An unseren Tisch sitzt auch David aus Recife (Brasilien). Er beäugt ein wenig zweifelnd das Schwarzbrot. Gerd sagt zu ihm: „We call it blackbread. Try it." David probiert und meint: „na ja, kann man essen." So gestärkt verlassen wir jetzt Pamplona. Der Weg führt uns durch die ganze Stadt, an der Zitadelle vorbei durch den Park und schon befinden wir uns wieder in den Vorstädten. Es ist ein sehr schöner sonniger Tag und auf der Wäscheleine in Pamplona hängt noch immer mein Lieblings-T-Shirt. Das wäre eigentlich nicht der Rede wert, aber so viele Sachen zum Wechseln hat man nicht im Rucksack dabei, da ist das schon ein Verlust.

Der Dumont-Wanderführer titelt diese Etappe: „Berg der Windräder". Es ist die Sierra del Perdón und dieser 800 Meter hohe Gebirgszug ist eine Klimascheide. Angeblich soll es hier immer windig sein, deshalb ist der Gebirgszug auch zugepflastert mit Windrädern. Heute allerdings regt sich kein Lüftchen. Es ist ein herrlicher Frühsommertag, blauer Himmel und moderate Temperaturen und eine wunderbare Landschaft in sanften Grün- und Blautönen.

Auf dem Weg zur Passhöhe Alto del Perdón treffen wir wieder auf Gregor, der im hohen Gras sitzend eine Pause macht. Bei einer weiteren Pause fotografieren wir uns dann gegenseitig mit Alejandro aus Burgos und Gernot aus Deutschland. Alejandro ist uns schon früher aufgefallen, weil er so markant bärtig ist. Die Verständigung ist ein wenig schwierig, weil er nur Spanisch spricht.

Oben auf dem Gebirgskamm finden wir ein kleines Marienmonument und direkt gegenüber eine moderne Eisenplastik vor. Diese Eisenplastik stellt eine historische Pilgergruppe, mit Menschen, Pferden und Eseln dar, wie sie wohl jahrhundertelang hier durchgezogen sind. Gerd und ich empfinden diesen Pilgerzug als sehr authentisch, wenn wir auch zugeben müssen, dass durch diese Plastik dem Marienheiligtum die Aufmerksamkeit entzogen wird. Der Platz für diese Kunstwerke ist sehr gut gewählt und von oben hat man wirklich tolle Ausblicke in die Landschaften zu beiden Seiten des Gebirgszuges. Dies ist wieder ein Ort der Legende, denn der Teufel, gekleidet mit einem Pilgergewand, wollte einen durstigen Pilger durch die Darreichung von Wasser von seinem Glauben abbringen. Der Apostel verhinderte diese teuflischen Übergriffe, indem er eine Quelle (Fuente de la Teja), gleich unterhalb des Alto del Perdón gelegen, der Pilgerschaft zugänglich machte.

Der Abstieg ist wieder sehr, sehr steinig und unwegsam und es fällt uns auf, dass es hier nicht mehr die großen Waldgebiete gibt, wie wir sie bisher in Navarra kennen gelernt haben. Gerd und ich bemerken aber auch, wie sich unsere Fitness gesteigert hat, der Aufstieg auf den Gebirgskamm hat uns schon längst nicht mehr so angestrengt.

Aus der Entfernung heraus machen wir immer wieder spiegelnde

Flächen aus. Ich glaube zunächst, dass es sich um kleine Seen handeln könnte, aber wie wir feststellen, sind es Folienabdeckungen auf den Feldern. Eine Erfrischung in einem See, das wäre es jetzt doch gewesen, so bleibt uns wieder nur eine kleine Siesta unter einem großen Baum in dem kleinen Dorf Uterga mit Coca-Cola-Automaten. Als wir Gregor im hohen Gras getroffen hatten, hatten wir verabredet, dass wir in Obanos die Herberge aufsuchen wollen, denn in Puente la Reina treffen die Pilgerrouten Navarrischer und Aragonischer Weg zusammen, das bedeutet, dass es dort sehr voll sein wird. Im Wanderführer steht, dass Obanos und nicht Puente la Reina der Beginn des „Camino francés" ist. Die Herberge ist sehr neu. Es gibt einen großen Schlafsaal mit Doppelstockbetten, hier mit Leitern und Stühlen. Wir sind sehr gut in der Zeit und deshalb können wir uns unser Bett auswählen. Unsere Handwäsche können wir elektrisch trockenschleudern und im Innenhof zum Trocknen aufhängen. Wäschewaschen, diese Tätigkeit wird in der nächsten Zeit zu unserem festen Tagesablauf gehören, gleich nach dem Duschen.

Wir versorgen Gerds Blasen mit den mitgebrachten Blasenpflastern und ich hatte mir bereits auf der ersten Wanderetappe durch die Pyrenäen einen Wolf gelaufen. Diese großflächigen Wunden quälen mich sehr. Auch diese Verletzungen werden mit Wundgel versorgt und ich werde in den nächsten Tagen zusätzlich die Radlerhose tragen, damit die Flächen abheilen können. Weicheierigkeit können wir uns hier nicht leisten.

Gegenüber der Herberge gibt es eine Bar, in der wir uns mit kaltem Cerveza und ein paar Tapas verköstigen. Anschließend suchen wir eine Alimentation, einen Lebensmittelladen, damit wir uns mit Mineralwasser und Brot und gesalzenen Erdnüssen und Trockenfrüchten für den nächsten Tag eindecken können. Wir konnten nicht an allen Orten, die wir angesteuert hatten, Mineralwasser einkaufen und haben somit auf das Leitungswasser zurückgegriffen. Das Leitungswasser ist nicht so optimal, denn es ist gechlort, na ja und das schmeckt man. Der Qualität des Wassers, das man unterwegs den Pilgerbrunnen entnehmen kann, trauen wir nicht so recht, auch wenn es als Trinkwasser deklariert ist.

In den spanischen Tageszeitungen lesen wir immer wieder das Wort „ETA"! Hat es wieder Anschläge gegeben, was ist los??? Wir sind hier mitten im Baskenland. Später hören wir, der Grund für diese Schlagzeilen war, dass die ETA das Friedensabkommen aufgekündigt hatte. An den Häusern in Obanos befinden sich vielfach Transparente, es wird gegen irgendetwas protestiert.

Anja, Volker und Gregor sind zwischenzeitlich eingetroffen. Gregor hatte sogar noch einen Umweg gemacht, um die Kirche Santa María de Eunate zu besuchen. Seine Mutter hatte ihm diesen Besuch sehr ans Herz gelegt. Obwohl der Umweg nur zwei bis drei Kilometer beträgt, wir können uns nicht aufraffen, dorthin zu gehen. Gregor zeigt uns später die Fotos.

Es ist nicht einfach, in Spanien ein Restaurant zu finden, in dem man vor 20.00 Uhr etwas zu essen bekommt. Das gilt auch für Obanos, der Ort ist ohnehin sehr klein. Im Restaurant gibt es eine lustige Begebenheit, denn der Kellner spricht nur spanisch und wir haben Probleme, die Speisekarte zu verstehen. Daraufhin ruft Gregor per Handy seine Schwester in Deutschland an, die spanisch spricht. Der Kellner erklärt ihr, was es alles zu essen gibt und die Schwester empfiehlt uns, den Fleischgang zu nehmen.

Der französische Großvater Jean-Paul und sein Enkel Samuel setzen sich zu uns an den Tisch. Na ja, unser französisch ist schon nicht besonders großartig, für eine Miniunterhaltung reicht es dann doch. Die Großmutter hat so große Probleme mit den Füssen und Beinen (beide Beine bandagiert), dass sie schon nicht mit zum Essen gehen kann. Diese Familie haben wir auf unserer weiteren Wanderung nicht wieder getroffen und wir nehmen an, dass sie die Tour abgebrochen hat.

Im Schweinsgalopp müssen wir nach dem Essen zurück in die Herberge, denn hier gilt, wie fast überall auf dem Camino, ab 22.00 Uhr die Nachtruhe. Nahrungsaufnahme hin oder her.

OBANOS – ESTELLA 8. JUNI 2007

Nach nur drei Kilometern, in Puente la Reina, müssen wir vor der alten Pilgerherberge noch mal Gerds Füße neu verpflastern. Es ist wichtig, solche Dinge sofort zu tun, damit sich nicht erst größere Wunden bilden können. Das uralte Städtchen selbst ist wirklich entzückend und wir finden eine sehr gemütliche Bar für unser Frühstück in der Altstadt. In einem Laden statten wir uns mit der Pilgermuschel aus. Gerd hängt sich seine um den Hals, ich baumele meine an den Rucksack. Gregor frozzelt, dass Gerds Pilgerweg erst ab Puenta la Reina zählt, weil er erst jetzt die Muschel hat. Ich denke, so langsam beginnen wir, uns mit unserem Pilgerstatus zu identifizieren und diese Muschel ist das Symbol dafür.

Dieser Ort trägt den Namen seines wichtigsten Bauwerkes, der Brücke der Königin. Als moderner Mensch macht man sich gar keine Gedanken darüber, mit welchen Problemen die Pilger der vergangenen Jahrhunderte zu kämpfen hatten. Die Überquerung der vielen Flüsse bis zum Ziel, das funktionierte nur per Fährmann oder per Umweg durch eine Furt. Diese Möglichkeiten konnte sich nicht jeder Pilger leisten. Welche der Königinnen diese herrliche romanische Brücke im 11. Jahrhundert gestiftet hatte, ist nicht ganz klar. Auf jeden Fall hat diese Brücke der Stadt und der Region einen wirtschaftlichen Riesenaufschwung beschert.

Über die wunderschöne, uralte Brücke der Königin verlassen wir die Stadt. Wie die Pilger vor uns bereits seit über 1000 Jahren folgen wir demselben Ziel.

Diese Etappe ist doch eine ziemliche Herausforderung, es ist sehr heiß und es gibt auf dem Weg überwiegend nur Buschwerk, also keine schattenspendenen Bäume. Das sehr helle, gleißende Licht und die Sonne, die auf uns runterbrennt, bereiten uns ziemliche Probleme und wir leiden beide unter Kopfschmerzen. Diese klimatischen Bedingungen sind für uns ungewohnt und deshalb sehr anstrengend. Eine Straßenunterquerung bietet uns dann doch Schatten und so machen wir erst eine Pause und dann noch die Fotos aus der Tunnelröhre heraus, in beide Richtungen auf dem Camino. Der Weg zieht sich an diesem Tag wirklich endlos hin und für das Auf und Ab des Geländes haben wir keinen Blick mehr übrig. So quasi mit letzter Kraft kommen wir in Estella an. Es werden am Ortseingang zwei Herbergen angezeigt und wir entscheiden uns gleich für die Größere, da wir annehmen, dass die andere Herberge schon besetzt sein könnte, was auch der Tatsache entspricht.

Dieses Refugio ist sehr einfach. Wir sind total fertig und wo bekommt man da dann sein Bett?? Oben!! Natürlich oben, ohne Leiter und ohne Stuhl! Der Sanitärbereich ist hier, wie wir auch in einigen anderen Herbergen feststellen sollten, nicht nach Männlein und Weiblein getrennt. Am Anfang hatten wir noch gemeint, dass die räumliche Enge dafür verantwortlich sei. In Pamplona hatte Gerd ein Erlebnis, von dem Männer träumen, seine Nachbarin am Nebenwaschbecken des Gemeinschaftsbades entblößte sich, um sich zu waschen. „Da kannst du doch nicht so hinglotzen, wenn eine Dame blank zieht", habe ich ihm vorgeworfen. „Halt, Stopp", sagte Gerd, „erstens bin ich ein Mann, zweitens nicht blind und drittens ist die Dame recht ansehnlich!" Was soll man dazu noch sagen.

Gerd hat erhebliche Rückenschmerzen, denn er hatte den Rucksack nicht vernünftig eingestellt. Als ich ihn einreiben will, ist er noch nicht einmal in der Lage, sich vom Rücken auf den Bauch zu drehen. Es ist unser 28. Hochzeitstag und eigentlich haben wir gehofft, dass wir nett essen gehen können. Zu essen haben wir bekommen, das „Menu de Peregrino" aber von „nett" kann keine Rede sein. Es ist nur hektisch und laut und Massenabfertigung. Gerd ist so erledigt, dass er seine Arme beim Essen auf dem Tisch abstützen muss, weil er die Oberarme nicht mehr heben kann. Der schlecht eingestellte Rucksack lässt grüßen.

Wie wir dann später auf unsere Betten gekommen sind, weiß ich gar nicht mehr zu sagen, irgendwie muss es ja gelungen sein.

ESTELLA – LOS ARCOS 9. JUNI 2007

In Estella bekommen wir wieder ein sehr einfaches Frühstück und wir stellen fest, dass man doch sehr viel mehr Energie hat, wenn man schon morgens etwas im Magen hat. Wir sind sehr früh gestartet, es war noch gar nicht richtig hell, als ich im Innenhof über ein paar schlafende italienische Radfahrer steigen muss, um unsere Wäsche von der Leine zu holen.

Nur kurz außerhalb von Estella befindet sich das Kloster Irache. Das Monasterio der Santa María la Real de Irache wurde bereits im 10. Jahrhundert schriftlich erwähnt. Es diente seiner Zeit als Pilgerhospital, betreut durch die Benediktiner-Mönche, die sich in den Dienst der Pilgerschaft gestellt hatten. Dies dürfte eine sehr wichtige Einrichtung auf dem gefährlichen und entbehrungsreichen Weg der Pilger gewesen sein. Der Abt San Veremundo widmete sich im 11. Jahrhundert ganz besonders der Pilgerbewegung und wurde für sein Lebenswerk heiliggesprochen. Bei den Pilgern heutiger Tage erlangt das Klosterweingut Bodegas Irache einige Berühmtheit, denn hier sprudelt er, der Rotwein aus dem Hahn. Die Weinkellerei Irache führt die Tradition der Pilgerbetreuung auf ihre Weise fort. Ganz nebenbei, es gibt nicht nur Rotwein aus dem Zapfhahn, gleich daneben befindet sich auch der Wasserhahn und Wasser ist für den Pilger allemal das wichtigste Lebensmittel. Ich kann mir allerdings lebhaft vorstellen, wie „stimmungsaufhellend" der Weinzapfhahn wirkt. Diesen berühmten Pilgerbrunnen, der Wein sprudeln lässt, den passieren wir einfach zur falschen Tageszeit, denn Wein, also, den kann ich morgens um diese Zeit wirklich nur symbolisch probieren. Für diese Verkostung benutzen wir, wie die Pilger der alten Zeiten, unsere Pilgermuschel zum Schöpfen.

Wir kommen anschließend durch eine wirklich wunderschöne Landschaft und Wälder und wir bleiben immer wieder stehen, um uns daran zu erfreuen. Ein seltsames Gebäude taucht auf unserem Weg auf. Wir können damit nichts anfangen und gehen die Stufen, die in voller Gebäudebreite zu einem Wasserbassin führen, hinunter. Im

Wanderführer lesen wir später, dass es sich um einen Maurenbrunnen handelt (Fuente de los Moros).

Den Kirchturm von Villamayor de Monjardìn haben wir schon seit langer Zeit im Blick. Am Anfang des Dorfes befindet sich eine „Stempelstelle". Wir machen dort Rast, denn es gibt auch Kaffee und Kekse und wir unterhalten uns mit der deutschen Frau, die dort ihren Dienst tut. Zwischendurch kommen immer mal wieder Radfahrer vorbei, stempeln ihre Pilgerausweise, trinken einen Kaffee und fahren weiter. Wir müssen auch weiter, denn wir haben festgestellt, dass es wichtig ist, rechtzeitig in den Herbergen zu sein, um einen vernünftigen Schlafplatz zu bekommen und ein weiterer Grund, morgens möglichst flott zu gehen ist, dass es um die Mittagszeit doch erheblich heiß sein kann. Man sollte den größten Teil seiner Tagesetappe (ca ⅔) bis zum Mittag hinter sich gebracht haben. Als wir den gelben Pfeilen durch Los Arcos folgen, sehen wir die Herberge Casa de Austria. Diese Herberge wird von der österreichischen St. Jakobus-Bruderschaft geführt. Wir haben genügend Zeit, um unsere Wäsche zu erledigen und uns im Ort umzusehen. Auf der Plaza Mayor erledigen wir unsere Korrespondenz und Tagebucheinträge und genießen die Atmosphäre dieser alten navarrischen Stadt.

Gregor möchte am Abend in die Messe gehen und da wir von den katholischen Ritualen keinerlei Ahnung haben, bitten wir ihn, uns mitzunehmen. Zu dem Besuch der Messe kommt es dann leider nicht, denn es braut sich ein sehr heftiges Gewitter zusammen. Wir können das Haus nicht verlassen, denn unsere Ersatzkleidung hängt gewaschen an der Leine und man hat ja nicht unendlich Zeug dabei, im Rucksack. Stattdessen kochen wir alle gemeinsam in der Herbergsküche unser Abendessen. Der Amerikaner Ben, Gregor hatte ihn Harry genannt, weil er dem Harry Potter sehr ähnelt, ist der Maitre de Cuisine und er teilt sein Helferteam ein. Gerds Aufgabe ist es, das Brot zu schneiden. Sehr verantwortungsvoll! Es gibt Nudeln mit Zucchini, Tomaten und sonstiges verfügbares Gemüse. Den Wein zum Essen kaufen wir beim Hospitalero. Es sind Rioja-Weine und ich habe bisher Rioja-Wein noch nie als Weißwein oder gar als Rosé getrunken.

Wir sind eine sehr große Esserrunde um den großen quadratischen Küchentisch. So ein gemeinsames Kochen ist ein klasse Gemeinschaftserlebnis, das kann man nur in diesen Refugios haben. Später kommt noch der Hospitaliero zu uns, er ist ein deutscher Lehrer, der für einen österreichischen Kollegen eingesprungen ist, der sich beim Fotografieren der freilaufenden Stiere in Los Arcos verletzt hat. Unser Hospitaliero hat auch schon so manchen der Jakobswege beschritten unter anderem auch den Camino del Norte, der als besonders schwierig gilt. Die Holländerin Marie Louise bekam zum Geburtstag eine Flasche Jägermeister geschenkt und sie will diese Flasche nicht mehr mit sich herumschleppen und so helfen wir ihr mit vereinten Kräften, diese Last loszuwerden.

Wir sind sehr beeindruckt von der Internationalität auf diesem Weg.

LOS ARCOS - VIANA   10. JUNI 2007

Wir müssen uns wieder durch Matschlöcher quälen. Gestern hat es heftige Gewitter gegeben und es regnet noch immer. Der Boden ist total aufgeweicht und wir versinken wieder im Schlamm. Mit jedem Schritt, den wir machen, werden unsere Füße schwerer von dem anhaftenden Lehm. Trotzdem sind wir gut drauf und machen Scherzchen über unsere Situation. Wir haben heute ca. 19 Kilometer bis Viana. Teilweise weiß man wirklich nicht mehr, wohin man überhaupt noch ausweichen kann, damit man einigermaßen trockenen Fußes an sein Ziel kommt.

Vor Torres del Río haben wir einen Pfad, zwar ein nur kurzes Stück, der hat es in sich, wer da stürzt, hat echte Probleme. Diese Strecke mutet wie ein Flussbett an und es muss auch noch die Straße unterquert werden. Wir haben später Witze darüber gemacht, in der Art: „sponsored by hospital".

Der Regen ist schon schwächer geworden und wir entdecken am Ortseingang eine geöffnete Bar. Wir tragen wohl jede Menge Schlamm mit in diese Bar hinein, was sollen wir machen, wenn wir uns ausruhen und einen Cafe con Leche trinken wollen.

Die achteckige Kirche Santo Sepulcro ist geschlossen, obwohl es Sonntag ist und so setzen wir unseren Marsch nach Viana fort. Es hat aufgehört zu regnen und in Viana ist Fiesta. Die ganze Stadt ist voller Menschen, die festlich gekleidet sind und die Mädchen laufen rum wie kleine Prinzessinnen. Es ist ein wenig mühsam, sich den Weg zu bahnen und vor allem, wir passen nun wirklich nicht hierher, so heruntergekommen und schmutzig wie wir sind.

In Viana befindet sich eine sehr große Pilgerherberge. Die Räume sind sehr eng und es gibt immer drei Betten übereinander. Diesmal haben wir die Wahl und suchen uns gleich unsere Betten ganz unten aus. Im dritten Bett oben, das ist schon ganz schön hoch. Diese Herberge hat eine Münzwaschmaschine und einen Trockner. Da auch die anderen Pilger total verschlammt sind, führt das zu Wartezeiten. Der Trockner ist etwas lahm und als nach einer Stunde Trockenzeit die Wäsche immer noch feucht ist, hänge ich die ganze Geschichte auf den Wäscheständer, der im Hof neben der Kirchenruine steht. Am Horizont brauen sich wieder Gewitter zusammen und so muss der Wäscheständer unter ständiger Beobachtung bleiben. Gerds Job ist es mal wieder, die Wanderschuhe vom Schlamm zu befreien und er setzt sich mit anderen Leidensgenossen mit einer Wasserschüssel und einer Wurzelbürste zu mir in den Hof mit dem tollen Ausblick auf die alte Stadt und in das weite Land.

Anja und Volker stoßen in Viana wieder zu uns, sie müssen allerdings im Hotel übernachten. Den Grund weiß ich nicht mehr, aber möglicherweise gab es in der Herberge keinen Platz mehr. Wie ich soeben von Gerd höre, wollen die Beiden bitte, bitte nur mal ein wenig Luxus. Wir möchten im Hotel gegenüber der Herberge zu Abend essen, aber das wird uns nicht gestattet, mit dem Hinweis darauf, dass dies nur für Hausgäste möglich sei. So gehen wir auf die Suche und in einer Seitenstraße finden wir ein ziemlich lautes Restaurant. Shannon aus Simbabwe kann spanisch und er übersetzt uns die Speisekarte. Wir können kaum unser eigenes Wort verstehen, denn oben in der Ecke dröhnt ständig ein Fernseher in voller Lautstärke.

VIANA – NAVARRETE 11. JUNI 2007

Während dieser Etappe verlassen wir Navarra. In einem kleinen Naturschutzgebiet steht ein Schild, welches uns darauf aufmerksam macht. Wir kommen jetzt in das größte spanische Weinanbaugebiet, La Rioja.

Es ist eine ziemlich langweilige Strecke nach Logroño, der Hauptstadt der Region La Rioja. Als wir über die Brücke des Ebros gehen, fällt uns auf, dass das Flusswasser so rot wie der Erdboden gefärbt ist. In der Stadt meint ein Einwohner uns einen sehr großen Gefallen zu tun, indem er uns erklärt, wo der Camino denn nun lang geht und so verlieren wir unsere gelben Markierungen. Erst einmal Kaffee trinken und ein Bocadillo und dann sehen wir weiter. Fast hätten wir in der Bar unsere Wanderstöcke vergessen, aber Gerd geht noch mal kurz zurück. Passanten helfen uns, den weiteren Weg zu finden. „Buen Camino"! Logroño hat ein eigentlich ganz nettes Freizeitumfeld und wenn die Bäume etwas höher gewachsen sind, gibt es dort auch Schatten. Wir gehen jetzt die ganze Zeit auf Asphalt. Das hat für unsere Wanderung jetzt doch eine ganz andere Qualität und uns brennen die Füße. Der Japaner, der immer so schrecklich humpelt, fällt uns auch hier wieder auf, aber er lässt sich nicht klein kriegen.

An einem Stausee machen wir eine Pause und lassen uns mal etwas von der Sonne verwöhnen. Die Zeichen für den Weg haben sich hier in La Rioja verändert. Es sind schmiedeeiserne Muscheln, auf Steinstelen angebracht. Immer eine höhere Stele mit dem Zeichen und eine etwa ein Drittel kleinere Stele daneben. Als wir dann an der Straße entlang gehen, fällt uns auf, dass frühere Pilger hier Kreuze aus Zweigen und Grashalmen, Rosenkränze und Marienbildchen auf mehr als 200 Metern in den Maschendrahtzaum eingeflochten hatten. So wird auch an solchen kleinen Dingen immer wieder klar, dies ist ein christlicher Pilgerweg.

In Navarrete brauchen wir Nachschub für unsere Compeed-Pflaster. Diese Blasenpflaster sind sehr gut und sowohl in Deutschland als auch in Spanien teuer. Die spanischen Apotheken am Jakobsweg sind sehr gut auf die Bedürfnisse der Pilger eingestellt.

Die Herberge ist wirklich gut, großzügige Schlafräume und sehr gute Sanitäranlagen. In der Nähe befinden sich eine Bar (für das Menu de Peregrino) und ein kleiner Laden, der sogar geöffnet ist und eine Bäckerei für den Proviant des nächsten Tages.

Die Gespräche unter Pilgern sind ein wesentlicher Bestandteil der Begegnungen in den Refugios. Ich meine jetzt nicht das Geplapper nach woher und wohin. Mein Gesprächspartner erwartet von seiner Wallfahrt ganz schlichtweg ein Wunder. Ein Wunder, mehr nicht! Ich weiß jetzt nicht, ob es der Sinn des Pilgerns ist, etwas einzufordern und dann noch gleich ein Wunder. Genauso wenig kenne ich die Hintergründe, die ihn zu diesem Ansinnen bewogen haben. In manchen Situationen haben die Menschen das Gefühl, dass nur noch ein Wunder helfen kann und manchmal ist es nur ein kleiner, anderer Blickwinkel, der die Lage in einem besseren Licht erscheinen lässt. Ich schlage ihm vor, doch die Entscheidung, sich den Herausforderungen des Pilgerns zu stellen, als sein Wunder zu werten. Denn er ist offensichtlich einsam und der erste Schritt dagegen ist getan. So gibt es viele Hoffnungen auf Lösung und Erlösung, die die Pilger auf ihrem Weg begleiten und in den Kirchen und Kathedralen brennen unzählige Kerzen, die dies untermauern.

NAVARRETE – AZOFRA 12. JUNI 2007

In der Herbergsküche verzehren wir noch schnell den gestern beim Bäcker eingekauften Kuchen und dann brechen wir um 6.30 Uhr auf, damit wir die morgendliche Kühle für unseren Weg nutzen können.

Am Pass der Steinmännchen, beim Alto de San Antón ist das ganze Areal übersät mit kleinen und größeren Steinpyramiden, die die vorbeikommenden Pilger im Laufe der Zeit aufgeschichtet haben. Wir suchen uns einen höher liegenden Platz, um die Aussicht zu genießen. Wieder haben wir ein Landschaftsbild vor Augen, wie es nicht fotografiert werden kann. Diese sonnendurchflutete Luft, die Reste des Frühnebels, das unglaubliche Grün und der blauschimmernde Horizont, alles wirkt so transparent und leicht und die Konturen eines Kirchturms werden durch die Entfernung und den Nebel weichgezeichnet. An dieser Stelle muss noch gesagt werden, dass unsere Wanderungen durch die Natur auch ein Erlebnis für die Nase sind. Jetzt im Juni stehen Wiesen und Felder in voller Blüte, diese Düfte sind nicht nur ein Genuss für Insekten. Und so genießen wir diese Landschaft mit allen unseren Sinnen.

Fernwanderungen haben ihren Preis, denn Gerd hat Probleme mit dem kleinen Zeh und am Pass der Steinmännchen muss er sich erstmals Schuhe und Strümpfe ausziehen, damit ich ihn neu verpflastern kann. Das genügt nicht und am Poyo de Roldán muss er erneut versorgt und desinfiziert werden, denn Gerd hat den Eindruck, dass sich der Zeh etwas entzündet hat.

Wir müssen über ein hässliches Betriebsgelände gehen, hier fahren auch Lkws und das macht die ganze Sache unangenehm, bis wir im Stadtgebiet von Nájera ankommen. Hier in Nájera muss ich ganz dringend eine längere Pause machen, die Hitze macht mich fertig. Auf einer grünen Wiese am Flussufer des Narerilla möchten wir gern eine Siesta halten, der Rasenmäher, der unaufhaltsam in unsere Nähe kommt, verhindert dies und so können wir auch gleich weiterlaufen. Bei der steilen roten Felswand, die sich hinter den Gebäuden von Nájera erhebt, suchen wir den Weg, der uns da hoch führt. Wir passieren noch einige Weinberge und dann sind wir auch schon in Azofra.

So eine Herberge haben wir bisher noch nicht erlebt. Es ist der reine Luxus. Geschlafen wird in Zweibett-Kammern, soviel Individualität erfährt man sonst nicht in den Refugios! Es existiert eine voll eingerichtete Küche mit Waschmaschine und Trockner und im Hof befindet sich ein Bassin für die Abkühlung der Füße. Das mit der Abkühlung sollte man nicht übertreiben, denn wenn die Füße so aufgeweicht werden, sind sie wiederum leichte Beute für Blasen!

Die Fußkranken, Shannon und Marie-Louise, sind wieder an Bord, denn sie waren mit dem Bus bis nach Nájera gefahren und sind die restlichen Kilometer dann zu Fuß weitergegangen und es hat alles ganz gut soweit geklappt.

Der Abend in Azofra ist mal wieder genial. Als wir da so in der Runde versammelt sitzen, kommt ein Koreaner mit einer großen Schüssel voller Essen und fragt uns, ob wir nicht mit ihm zusammen essen wollen? Wir sind zunächst etwas irritiert. Der Koreaner verteilt ganz zielstrebig die Teller und Bestecke und schon sitzen wir beim Essen. Wie er uns erzählt, ist es nichts koreanisches, denn dazu hat er nicht die richtigen Zutaten kaufen können. Aber er hat Reis und Kartoffeln und Gemüse mit Wurstscheiben und Fleisch zusammen gekocht, was halt so zu kaufen ist. Kim Jong Pi erzählt uns, dass der Jakobsweg in Korea immer bekannter wird und dass er selbst Katholik sei und deshalb diesen Weg gehe. Dies ist wieder so eine Situation, an der dieses Gemeinschaftsgefühl und diese enorme Internationalität des Weges deutlich werden!

AZOFRA – REDECILLA DEL CAMINO   13. JUNI 2007

In Azofra bemerken wir, dass unsere Digital-Kamera etwas spinnt (oder evtl. auch wir). Wir haben in den letzten Tagen das dreimalige Klicken zwar registriert, waren dem aber leider nicht weiter nachgegangen. Ja, und so stellen wir fest, dass wir tagelang zwar Aufnahmen gemacht haben, aber nichts fotografiert wurde, weil die Speicherkarte voll ist. Die schönen, vermeintlichen Fotos sind futsch. Ein Fotomotiv aber, holen wir nach. Wir starten ja morgens immer sehr früh und laufen nach Westen. Wenn dann die Sonne hinter uns aufgeht, fallen unsere Schatten vor uns auf den Weg. Dieses Foto, das wir vor ein paar Tagen schon einmal im Kasten hatten, wiederholen wir jetzt.

Als wir Azofra schon lange hinter uns gelassen haben, bemerken wir, dass der Weinanbau hier nicht mehr betrieben wird und dass immer mehr Weizenfelder in Erscheinung treten. Die Blumenvielfalt in den Feldern und am Wegesrand ist beachtlich und wird den Landwirt möglicherweise nicht unbedingt erfreuen, aber uns. Leider haben wir nicht wirklich viel Ahnung, was da alles so am und im Feld blüht. Na ja, die blauen Kornblumen und den roten Klatschmohn erkennen selbst wir.

Von einer Anhöhe aus können wir Santo Domingo de la Calzada sehen. In diesem Ort gibt es eine Kathedrale, mit einer skurrilen Besonderheit. Innerhalb dieser Kathedrale gibt es einen Hühnerkäfig, in dem ein lebendiger weißer Hahn und ein lebendiges weißes Huhn gehalten werden. Wenn der Hahn während des Aufenthaltes in der Kathedrale kräht, so soll das Glück für die weitere Pilgerfahrt bringen.

Diese Tiere werden hier natürlich nicht nur so gehalten, es gibt wieder einmal eine Legende dazu: „Eine deutsche Familie kam auf ihrer Pilgerwanderung durch Santo Domingo de la Calzada. Die Annäherungsversuche einer Gastwirtstochter wurden von dem Sohn abgewiesen. Diese rächte sich dafür und versteckte einen silbernen Becher im Gepäck des Sohnes. Bei der Weiterreise wurde der angebliche Diebstahl gemeldet und der Sohn als Dieb deshalb gehenkt. Die Eltern riefen in Santiago de Compostela den Apostel um Hilfe an und sie wurde gewährt, indem der Heilige Domingo dem gehenkten Sohn die Füße stützte, damit dieser am Leben blieb. Die Eltern informierten den Bischof, der gerade beim Mittagessen saß und der die ganze Geschichte nicht recht glauben konnte. Der Ausspruch, dass eher die gebratenen Hühner von seinem Teller flögen, als das diese Geschichte wahr sei, führte dazu, dass die Hühner sich in die Luft schwangen."

Als wir diese Kathedrale besichtigen, hören wir nicht einen Ton und schon halte ich die ganze Hühnerkäfiggeschichte für ein Märchen. Aber, wir bekommen den Käfig dann doch noch zu sehen, es ist natürlich ein kunstvoll gestalteter Käfig und oberhalb der Augenhöhe angebracht. Wie wir hören, werden die Hühner in regelmäßigen Abständen ausgetauscht, alles andere wäre Tierquälerei und ganz bestimmt nicht im Sinne eines Heiligen. Domingo de Viloria, nach dem dieses Städtchen benannt wurde, kümmerte sich als Eremit um die Belange der Pilger, pflegte kranke Pilger und schuf die nötige Infrastruktur des Caminos, wie Brücken, Straßen und Hospitäler.

Am Río Oja machen wir Rast. Hier treffen wir auf den Pilger aus Preetz in Schleswig-Holstein, der mit einem merkwürdigen Rollerfahrrad unterwegs ist. Dieses Gefährt ist uns schon in Azofra aufgefallen, denn es hat keinen Sattel und wie uns erzählt wird, dient es ausschließlich dem Gepäcktransport. Der Besitzer hat ständig Probleme mit den Reifen und ist davon auch ein bisschen angenervt und dieser Roller ist so instabil, dass er damit nicht einmal die Berge runter rollern kann.

Am gegenüberliegenden Ufer, hinter der Brücke, befinden sich fünf oder sechs Storchennester auf den Fabrikschornsteinen und es gibt einen regen Flugverkehr. Ich habe in Erinnerung, dass da ganz, ganz viele Nester waren, aber Gerd ist der Meinung, es waren höchsten fünf oder sechs. Wollen mal nicht streiten, gezählt haben wir sie beide nicht.

Kurz vor Redecilla del Camino verlassen wir jetzt nach Navarra und mit La Rioja schon die zweite Provinz und autonome Gemeinschaft auf unserer Wanderung. Wir befinden uns jetzt in Castilla y León, Provinz Burgos. Ein großes Übersichtsschild mit dem eingezeichneten Camino verdeutlicht uns den Weg.

In der Herberge von Redecilla del Camino wird obligatorisch ein Abendessen und Wein gereicht. Sowohl die Übernachtung als auch das Menü wird auf Spendenbasis, Donativo genannt, abgerechnet. Nach dem Duschen genießen wir unser „Ankunftscerveza" auf der Bank vor der Bar gegenüber der Kirche. Als Gregor eintrifft, ist er erschüttert, dass wir schon wieder vor ihm in der Herberge sind. „Das kann doch nicht mit rechten Dingen zugehen", meint er, „ihr seid Bus gefahren, gebt es zu!" Wahrscheinlich hat er nur mehr und ausgiebigere Pausen gemacht als wir.

Dieser klitzekleine Ort hat eine überaus reich ausgestattete Kirche. Es finden gerade Restaurierungsarbeiten statt, deshalb ist die Kirchentüre weit geöffnet und wir gehen einfach mal hinein. Meine Güte, so viel Gold. Wir spekulieren darüber, ob da wohl das Inkagold aus Südamerika seinerzeit Verwendung gefunden hatte?

REDECILLA DEL CAMINO – VILLAFRANCA MONTES DE OCA 14. JUNI 2007

An diesem Tag wandern wir zusammen mit Anja und Volker aus München. Diese beiden können sich Urlaub und freie Zeit so einteilen, dass es ihnen möglich ist, den Camino an einem Stück zu gehen. Gerd und mir wird schmerzlich bewusst, dass wir bald in Burgos sein werden und dass dann, für dieses Jahr jedenfalls, unsere Wanderung beendet sein wird. Das stimmt uns melancholisch, bedeutet es doch Abschied von den vielen Wandergefährten, die wir unterwegs kennen gelernt haben.

Das Wetter ist ein wenig wechselhaft und es ist auch nicht sonderlich warm. In Belorado legen wir unsere Frühstückspause ein. In der Bar treffen wir Steven aus Alkmaar in Holland. Eigentlich hat er Marie Louise auf diese Pilgerwanderung begleitet, allerdings passen die beiden in Bezug auf ihre Fitness überhaupt nicht zusammen. Wie Steven erzählt, besucht er mehrmals pro Woche ein Sportstudio, da kann die fußkranke Marie Louise nicht wirklich mithalten. Er ist mit ihrem Tagespensum unterfordert, deshalb geht er sein eigenes Tempo und lässt Marie Louise immer wieder aufschließen.

In dieser Region sehen wir öfter Buspilger, die mit leichtem Gepäck Kirchen, Klöster und sonstige Baudenkmäler besuchen. Wir kommen durch überwiegend hügeliges Bauernland, vorbei an heruntergekommenen Dörfern und Höfen und auf einigen Feldern sind hohe Strohstapel aufgeschichtet, die vor sich hin rotten. Kurz vor Villafranca beginnt es zu regnen. Dieses Villafranca Montes de Oca ist ein Straßendorf, mit einem erheblichen Verkehrsaufkommen, insbesondere Lkws und entsprechend laut. Dass dieser Ort vor sehr langer Zeit einmal ein überaus bedeutender gewesen war, davon merkt man heutzutage nichts mehr. Die Herberge liegt direkt an der lauten Straße. Wir haben Glück und können uns in dem straßenabgewandten Schlafsaal unsere Betten wählen. Draußen fängt es an zu schütten und wir sind sehr froh, dass wir ein Dach über dem Kopf haben.

Ein richtiges Restaurant können wir nicht ausmachen. So entschließen wir uns, selber zu kochen, zumal die Herberge einen Herd und Töpfe und Geschirr zur Verfügung hat. Mit Gregor zusammen kaufen wir in dem Nebenraum einer Bar ein. Das Warenangebot ist nicht gerade berauschend, es gibt aber alles, damit wir nicht hungrig bleiben. Bezahlt und abgewogen wird übrigens auf dem Tresen der Bar. In unsere Mengenplanung sind Marie-Louise und Shannon einbezogen, die haben aber schon woanders gegessen, so suchen wir uns noch weitere hungrige Pilger, weil wir viel zu viel gekocht haben. Ein Ehepaar aus Holland, das die ganze Strecke mit dem Fahrrad gekommen ist und wie sie uns erzählen, schon 2.500 Kilometer auf der Uhr haben, leistet uns Gesellschaft. So erfahren wir auch, dass es in Santiago de Compostela die Möglichkeit zu Sammeltransporten für die Fahrräder nach Holland gibt, so dass die Pilger nach Hause zurück fliegen können.

VILLAFRANCA MONTES DE OCA – ATAPUERCA 15. JUNI 2007

Der Tag beginnt mit einer sehr kräftigen Steigung, gleich hinter dem Ort. Nach einer dreiviertel Stunde gelangen wir in einen Eichenwald und dort bläst ein eisiger Wind. Unsere Pullover tragen wir bereits, aber jetzt brauchen wir noch unsere Jacken. Es ist kaum zu glauben, wie kalt es hier in Spanien, zumal im Sommer, sein kann.

Von einem Aussichtsplateau in 1.160 Metern Höhe haben wir einen sehr schönen Blick auf die Sierra de la Demanda, die in leichtem Dunst nicht ganz klar zu erkennen ist. Man kann nur ahnen, dass auf den 2.200 Meter hohen Gipfeln wahrscheinlich Schnee liegt. Weitere Ausblicke in die Landschaft lässt dann der Wald nicht mehr zu. Unser Fitnessprogramm ist noch nicht zu Ende, wir müssen noch in ein tiefes Bachtal hinunter steigen und auf der anderen Seite wieder hoch. Mir tun die beiden Radfahrer fast Leid, wie sie ihre Fahrräder durch das lose Geröll schieben, da gehen Wanderer doch wesentlich unbelasteter. Weiter geht es durch den Wald und es ist nachvollziehbar, dass Pilger in alten Zeiten hier Raubüberfälle fürchteten. Heute ist alles besser einsehbar, denn wir gehen auf einer Brandschutzschneise.

Das Kloster San Juan de Ortega taucht vor uns auf. Der Ort ist sehr klein und besteht nur aus Kloster, Kirche, Bar, Refugio und wenigen weiteren Gebäuden. Die Kirche ist geöffnet und wir besichtigen sie. Der Namensgeber des Ortes, San Juan de Ortega, ist hier in einem eindrucksvollen Grabmal beigesetzt. Auch er war wie sein Mentor Domingo de Viloria ein großer Förderer der Pilgerschaft, indem er das Straßennetz ausbaute und damit das begonnene Werk seines Lehrers fortführte. Andere Pilger hatten uns schon darauf aufmerksam gemacht, dass, wenn wir die Gruft besuchen wollen, wir uns unbedingt eine Taschenlampe mitnehmen sollen, denn dort gibt es kein Licht. Mit unserer funzeligen Taschenlampe können wir nicht sehr viel sehen da unten, deshalb steigen wir lieber wieder an die Oberwelt.

In der Bar treffen wir auf Gregor, der sich gerade im Aufbruch befindet. Er hat ein Zeitproblem, wenn er Santiago de Compostela bis zu seinem Abflugtermin erreichen will, muss er die Tagesetappen länger machen. Sein Begleiter, der Pole Michael, hat das gleiche Problem und so wollen die beiden die 40 Kilometer bis nach Burgos in einem Stück marschieren. Die beiden haben sich viel vorgenommen. Buen Camino! Wir tauschen die Adressen und nehmen voneinander Abschied, denn für uns ist ja in Burgos die Pilgerreise zu Ende. Anja und Volker machen gerade ein Päuschen in der Bar und wir beschließen, den restlichen Weg bis Atapuerca gemeinsam zu gehen.

Atapuerca, das ist wieder so ein Ort, der mich magisch anzieht und ich kann noch nicht einmal so genau sagen, worin die ganze Anziehungskraft besteht. Ein handfester Grund liegt in dem Archäologie-Zentrum, denn bei Atapuerca wurden Knochen von Frühmenschen gefunden, 800.000 Jahre alt. Allzu gern hätte ich dieses Zentrum besichtigt, aber es ist geschlossen, noch nicht einmal ein Auto steht auf dem Parkplatz. Aber wir wollen im nächsten Jahr den Weg in Burgos wieder aufnehmen und da müsste man für die Ausgrabungsstätten noch ein wenig Zeit einplanen. Ist das realistisch auf einem Pilgerweg? Dieses Dorf Atapuerca gefällt uns und wir haben genügend Zeit, uns hier umzusehen. Für den Abend haben wir uns im Restaurant zum Essen verabredet mit Shannon, Marie-Louise, Anja, Volker, Dieter und einem Italiener, dessen Name ich nicht mehr weiß. Wir feiern ein wenig Abschied, denn am nächsten Tag werden wir Burgos erreichen und die Anderen werden weiterlaufen und Gerd und ich werden uns noch in Burgos umsehen.

ATAPUERCA – BURGOS 16. JUNI 2007

Mit unserem Wanderführer sind wir heute gar nicht einverstanden. Es wird zwar darauf hingewiesen, dass es ein öder Anblick ist, wenn man durch das Gewerbegebiet nach Burgos hineinkommt. Dass es eine Alternative zu der Asphaltstraße gibt, wird nicht beschrieben. Anja und Volker haben einen anderen Wanderführer und an dem orientieren wir uns heute.

Sehr viel schöner, also rein landschaftlich gesehen, ist die Streckenführung nicht. Von den ersten Kilometern über die Sierra de Atapuerca mal abgesehen. Die Gegend erinnert doch stark an einen Truppenübungsplatz. Jedenfalls müssen wir nicht auf der Straße gehen oder den Bus nehmen, wie eine Empfehlung lautete. An Schlamm sind wir ja gewöhnt und so fällt das nicht weiter ins Gewicht. In einem Wohngebiet am Stadtrand von Burgos ist Fiesta. Möglicherweise eine Hochzeit, das können wir nicht so richtig heraus bekommen, die Leute sind so richtig gut in Feierstimmung. Hier hat sich erstmals die Anschaffung des Diktiergerätes gelohnt, denn die schrille Musik haben wir auf Band aufgenommen.

Unsere gelben Markierungspfeile haben wir verloren und so fragen wir uns durch. Wir folgen einem Flusslauf durch einen Stadtwald. Dieser Wald wird mit der Zeit immer parkähnlicher und die Wege am Fluss haben später dann den Charakter einer Promenade. Es fallen immer mal ein paar Tropfen Regen, aber nicht mehr. Dieser Teil von Burgos ist sehr gelungen gestaltet. Gegen Mittag erreichen wir die Kathedrale. Vor der Kathedrale werden wir von einem Schülerteam zu unseren Erfahrungen auf dem Camino interviewt. Wir werden z. B. gefragt, was uns in Spanien gestört hat und Gerd sagt, dass es in den Restaurants immer so laut ist. Da haben alle gelacht. Und ob wir auch die spanische Küche probiert hatten, können wir bejahen und gleich ein paar Beispiele nennen, was wir schon alles so gegessen hatten.

In der Kathedrale fühlt sich niemand so richtig für unsere Stempel zuständig, wir werden nur auf eine Ecke verwiesen, in der Stempelkissen und Stempel liegen. Wir verabschieden uns bis zum Abend, denn wir wollen heute schon in einem Hotel übernachten. Mitten in der Altstadt finden wir Quartier im Hotel Norte y Londres. Hier genieße ich das Vollbad in vollen Zügen.

Es ist leider ziemlich regnerisch, als wir auf Stadterkundung gehen. In der Nähe der Kathedrale treffen wir auf Dieter, der in einem ganz schrecklichen Hostal abgestiegen ist, muffig, sudelig, einfach grässlich für 17 Euro!

Zum Abendessen treffen wir noch einmal alle, die aus Atapuerca gekommen sind, auch das Ehepaar aus Potsdam. Der Mann ist Schachspieler in der 2. Bundes-Liga und der hatte gestern alle an die Wand gespielt.

Anja und Volker müssen noch zwei Kilometer bis zum Refugio zurückgehen. Das Refugio von Burgos befindet sich in einer Parkanlage, die zu dieser Zeit leider keinen sehr guten Eindruck macht. Es war ganz offensichtlich gefeiert worden und es hatte niemand den Dreck weggeräumt und der Wind verteilte den Müll in Büsche und Bäume.

Wir müssen uns jetzt endgültig verabschieden, am nächsten Tag wird weitermarschiert und wir bleiben noch ein wenig in Burgos.

BURGOS 17. JUNI 2007

In der Kathedrale liegt er begraben, zusammen mit seiner Gattin Doña Jimena, *„der zu guter Stund geboren"*, der Campeador, der Cid, Rodrigo Díaz de Vivar (oder auch Bivar). Burgos, das war seine Heimat und er ist eine weitere Gestalt der mittelalterlichen Geschichte auf diesem Weg, der ein Heldenepos gewidmet ist. Das Heldenlied: „Cantar de Mīo Cid", schildert in blumenreicher Sprache die Verdienste des Cid um seine christliche Heimat.

Er, der seinen König Don Alfonso VI. dazu genötigt haben soll, einen heiligen Eid darauf zu schwören, dass der König bei der Ermordung seines Bruders Sancho II. nicht seine Hand im Spiel hatte. Der Cid hatte dem König Don Alfonso nie recht Glauben schenken können und der König hatte den Cid Ruy Díaz bei der nächstbesten Gelegenheit in die Verbannung geschickt.

„Cid, mein Cid, rechtzeitig habt Ihr Euch mit Eurem Schwert umgürtet." Der Campeador beschämt seinen König durch eine Vielzahl von Siegen und Trophäen. Mitunter wurde auch mit den Mauren als Verbündete gegen christliche Herrscher gekämpft und das Epos ist ein Wirrwarr aus Heldentum und Treue, Verrat und Intrigen und Beute. Das sind die Geschichten, die Jahrhunderte lang auf den Marktplätzen

und in zugigen Kastellen erzählt und ausgeschmückt wurden und damit eine immer verklärtere Wertung der Ereignisse erfuhren.

Um den Tod des Cid im Jahr 1099 in Valencia ranken sich Legenden. So soll er, tödlich verwundet, seine Getreuen dazu aufgefordert haben, seinen Leichnam in voller Rüstung auf sein Pferd zu binden und in die entscheidende Schlacht zu schicken, um seine Söldner zu motivieren und das Letzte aus ihnen heraus zu holen. Sehr eindrucksvoll ist diese Legende in dem Kinofilm mit Charlton Heston und Sophia Loren geschildert. Allerdings sind die Historiker da ganz anderer Ansicht, was das Leben und Sterben des Campeadors (ca 1043 bis 1099) angeht. Das Grab des Cid und seiner Frau Doña Jimena de Oviedo ist erstaunlich schlicht gehalten. Das liegt hauptsächlich daran, dass der Cid zunächst in Valencia beigesetzt war und als die Eroberung dieser Stadt durch die Mauren drohte, in das Kloster San Pedro de Cardeña bei Burgos umgebettet wurde. Sehr viel später, im 20. Jahrhundert, wurde das Ehepaar dann in der Kathedrale von Burgos beigesetzt. Die meisten Grabstätten der Grande, Bischöfe und Baumeister sind mit erheblichem künstlerischem Aufwand, nach dem Geschmack der Zeit, gestaltet.

Das Erscheinungsbild der Kathedrale von Burgos erinnert ein wenig an den Kölner Dom. Das ist kein Zufall, denn ein gewisser Johannes von Köln (1410 – 1481) hat an diesem Bauwerk als Baumeister gearbeitet. Die Kathedrale, riesengroß und von unendlicher Schönheit und Reichtum, fast schon ein wenig erschreckend. Ganz besonders beeindruckend ist das Sternengewölbe, das das Tageslicht durchscheinen lässt.

Am Nachmittag wollen wir gern die Exponate aus der Ausgrabungsstätte Atapuerca ansehen, aber das Museum hat am Sonntag nur bis mittags geöffnet und man ahnt es schon, am Montag ist es sowieso geschlossen.

BURGOS 18. JUNI 2007

Beim Frühstück im Hotel treffen wir auf den Hape-Kerkeling-Pilger. Dieser Mann hatte das Buch von seiner Freundin geschenkt bekommen und wollte jetzt erfahren, wie es denn so ist, auf dem Camino. Gerd und ich wundern uns schon ein bisschen über ihn, weil er in Hotels übernachtet (hatte Hape auch gemacht) und weil er die meisten Strecken mit dem Bus zurücklegen will (war bei Hape allerdings die Ausnahme). Na ja, wir treffen ihn im Laufe des Tages in Burgos wieder, die Busse fuhren nicht ganz so, wie er sich das vorgestellt hatte.

Etliche Pilger, die wir unterwegs immer mal wieder getroffen haben, sehen wir hier wieder wie z. B. den Amerikaner Ben und den Schachspieler aus Potsdam. Wir haben viel Zeit um ein wenig zu plaudern und uns nach den Plänen der Anderen zu erkundigen.

Das Kastell ist natürlich geschlossen. Da wir noch den ganzen Tag, bis zur Rückfahrt nach Toulouse, Zeit haben, gehen wir trotzdem auf den Burgberg. Das Wetter spielt mit, denn es ist sonnig. Wir lugen durch die Zaunlatten und haben so den Eindruck, dass es im Kastell ohnehin nicht so furchtbar viel zu sehen gibt.

Der Ausblick auf die Stadt, der ist wunderschön. Burgos um diese Jahreszeit hat sehr viel grün, es regnet ja genug. Und was uns sehr angenehm auffällt, ist, mal abgesehen von dem Gelände des Refugios, das alles sehr sauber ist.

Wir gehen den Weg zurück, den die adeligen Burgbewohner genommen haben dürften, wenn sie zur Kathedrale wollten. Wahrscheinlich sind die auch nicht zu Fuß gegangen, wie wir, eine Sänfte stand uns aber grad' nicht zur Verfügung. Auf der, der Burg zugewandten Seite der Kathedrale befindet sich im Innenraum die imposante goldene Treppe, die nicht jeder benutzen durfte. Von dort konnte alles überblickt werden und was vielleicht noch wichtiger war, man wurde von jedermann gesehen.

Den Abend verbringen wir bis zur Abfahrt unseres Busses in einem Restaurant bei der Kathedrale, bei einem leckeren Abendessen. Als wir uns dann auf den Weg zur Busstation machen, höre ich, wie ein

Mädchen ruft: „Guck mal, da sind Pilger!!!" Um 23.00 Uhr fährt unser Bus nach Toulouse ab. Es ist leider mal wieder absolut nichts zu sehen von den Pyrenäen, diesmal, weil es Nacht ist.

TOULOUSE 19. JUNI 2007

Diese Fahrt ist eine echte Herausforderung, leider haben wir vergessen, vorher unsere Knochen zu nummerieren. Die Sitze sind eng und bei mir ist die Rückenlehne nicht verstellbar. Mit zwei kleinen Pausen erreichen wir um 7.00 Uhr morgens Toulouse.

Die frühmorgendliche südfranzösische Landschaft hätte schon den einen oder anderen Blick mehr verdient, die Energie dafür bring ich nicht mehr auf, denn mir fallen vor Erschöpfung immer wieder die Augen zu. Toulouse mag uns nicht. Oder ist es umgekehrt? Nach einem „petite dejeuner" im Bistro an der Straße suchen wir eine Unterkunft, denn wir würden gern duschen und noch ein wenig die Füße hochlegen. Wo wir auch fragen, überall hören wir: „nous sommes complets". Da kann nur die Touristinformation helfen, die öffnet um 9.00 Uhr. Gerd und ich sitzen wie die Penner im Park und dösen noch eine Runde im Sonnenschein. Die Mitarbeiterin der Touristinformation hat sich nicht gerade mit Ruhm bekleckert, sie verweist uns auf ein Telefon, von wo aus wir selber die Hotels abtelefonieren sollen. Bei unseren mageren Sprachkenntnissen ist uns das eine Nummer zu groß. In Paris findet derzeit die traditionelle Luftfahrtschau statt, da Toulouse einer der bedeutendsten Luftfahrtstandorte ist, finden hier ebenfalls Veranstaltungen statt. Mit Besuchern, die untergebracht werden müssen. Es mag ja sein, dass es deshalb im Juni schwierig ist, in Toulouse ein bezahlbares Hotelzimmer zu bekommen, aber ein wenig mehr Engagement seitens der Touristenzentrale hätte nicht geschadet. Wir wollen die Sache jetzt selbst in die Hand nehmen und fragen nach einem Internetcafe, um uns über das Hotelreservierungsportal ein Zimmer zu suchen. Auf dem Weg zum Internetcafe kommen wir an einem kleinen Hotel vorbei, in dem wir mal nach einem Zimmer fragen. Der Portier sagt uns, wenn wir 15 Minuten warten, werden sie uns ein Zimmer herrichten. Es ist alles klitzeklein und laut, aber wir können uns ausruhen und frisch machen.

Von unserem Zimmer aus können wir den markanten Kirchturm von Saint Sernin sehen, einer romanischen Basilika. In dieser Kirche befindet sich das Grab des ersten Bischofs von Toulouse, der im 3. Jahrhundert den Märtyrertod fand. Stiere haben den Heiligen Saturninus auf den Stufen des Capitols von Toulouse zu Tode geschleift. Diese Basilika ist außerdem eine Jakobus-Pilger-Kirche, die an der Via Tolosana, einem der vier historischen französischen Jakobswege liegt. Vom südfranzösischen Arles aus führt die Via Tolosana über Toulouse zum Somport-Pass in den Pyrenäen und auf dem aragonesischen Weg nach Puente la Reina in Spanien. Wir besuchen diese Kirche und machen eine Stadtrundfahrt mit der Bimmelbahn. Später in der Stadt treffen wir auf eine deutsche Pilgerin, die mit dem Fahrrad unterwegs ist. Sie hat die Beine verbunden und erzählt uns, dass sie von Hunden angegriffen worden sei. Ja, das kann alles passieren.

Es ist sehr schwül in Toulouse, abends um 22.00 Uhr sind es immer noch 30 Grad. Wir sind froh, dass wir am nächsten Tag nach Hamburg fliegen werden.

TOULOUSE – MECKELFELD 20. JUNI 2007

Jetzt ist diese Wanderetappe endgültig gelaufen für dieses Jahr. Wir sind zu Hause und packen unsere Rucksäcke aus. Haben die Sachen die ganze Zeit schon so fürchterlich gestunken?? Vielleicht fällt uns das erst in dieser Umgebung auf, wie sehr alles eine Wäsche nötig hat.

Wir tun uns ein bisschen schwer, uns wieder in unseren Alltag einzufinden und tauchen körperlich und geistig noch ein wenig ab, denn einfach zur Tagesordnung übergehen, das können wir noch nicht.

Auf den Wetterkarten im Fernsehen geht unser Blick immer gleich nach Nord-Spanien. Wie ist es dort jetzt und wie mag es den Wandergefährten ergangen sein. Wir sind ein bisschen wehmütig. Gern erinnern wir uns an den lustigen Stempelwettbewerb, den Gregor entfacht hat. Gregor war „the leader of the stamps". Er hatte die meisten Stempel in seinem Pilgerausweis, dicht auf den Fersen war ihm Marie-Louise. Gerd und ich, wir waren die absoluten Schlusslichter, denn wir hatten uns, von der Kathedrale in Santo Domingo de la Calzada mal abgesehen, nur die Stempel der Refugios geholt.

Der Alltag hat uns jetzt wieder, an diese Wanderung aber werden wir uns immer mit Freude erinnern. Wir sind 280 Kilometer gelaufen, vielleicht waren es auch ein paar mehr, die verschiedenen Wanderführer machen da unterschiedliche Angaben.

Es war manchmal ganz schön hart. Auch wenn wir mitunter noch so k. o. waren, die Grenzen unserer Leistungsfähigkeit haben wir nie überschritten. Die Blasen an unseren Füßen heilen jetzt ab und wir machen uns auch keine Illusion darüber, dass es wieder neue geben wird, wenn wir den Jakobsweg fortsetzen.

Das freundliche „Buen Camino" oder „Hola", das wir in den letzten Wochen so oft gehört haben, die gelben Pfeile und die Muschelzeichen, wir vermissen das alles und im nächsten Jahr wollen wir die Wanderung unbedingt fortsetzen. Wenn es sich irgendwie einrichten lässt, möchten wir die restliche Strecke dann an einem Stück gehen.

WAS HATTEN WIR ERWARTET?

Ich kann noch nicht einmal klar definieren, was wir erwartet hatten. Vielleicht war es das Gefühl, die Einfachheit hautnah zu erleben und die Hoffnung auf die erfolgreiche Bewältigung der Strecke. Die ganz elementaren Dinge zu meistern, wie einen Schlafplatz für die Nacht zu finden, sich mit Essen und Wasser zu versorgen und seinen Weg zu gehen. Ohne die Sicherheit durch eine feste Buchung, einfach Neuland zu betreten und etwas zu leisten, nur aus eigener Kraft heraus.

Die Geräusche, wie sie in der Natur vorkommen, wenn man durch einsame Landstriche wandert, die Gerüche der Wildkräuter wie z. B. Thymian, die schier unglaubliche Vielfalt der Pflanzen, wir Großstadtmenschen sind auf diesem Gebiet ganz schön unterbelichtet und unsere Ahnungslosigkeit in Sachen Natur wird uns manchmal schmerzlich bewusst. Wir haben den ganz frühen Morgen erlebt und die Einsamkeit, wenn wir so hintereinander her gelaufen sind und wir haben unsere Umgebung mit allen Sinnen genossen.

Über Geröllwege sind wir gewandert und passierten viele Flüsse, was weiß ich, wie die noch alle hießen. Bäche haben wir teils über Brücken, teils auf Trittsteinen überquert und manchmal auch einfach nur so gefurtet. Teilweise sind wir noch auf dem ursprünglichen, historischen Pilgerweg gegangen und teilweise haben die modernen Verwaltungen den alten Pilgerweg zu Pilgerstraßen umfunktioniert.

Diese vielfältige spanische Landschaft und die urigen Dörfer und Städte beindrucken uns. Es war nicht immer alles schön anzusehen, aber wo gibt es das schon.

Manchmal mussten wir auf den Asphaltstraßen gehen. Die Lkws haben uns zwar immer freundlich angehupt, in dem Sinne: „Buen Camino" und sind dann nur so an uns vorübergerauscht, dass wir unsere Kopfbedeckungen festhalten mussten. Auf den Straßen und teilweise in den Restaurants, das war der laute Part auf dieser Tour.

Da ist dann auch noch das Bedürfnis nach Spiritualität. Ich bin ziemlich sicher, dass uns davon viel verloren gegangen ist im Einheitsbrei unseres Alltags und dass wir auf der Suche danach sind. Auf der Rückseite des Credencial sind die historischen Jakobspilgerwege in Europa eingezeichnet. Sie bilden ein enges Netz, insbesondere in Mittel- und Westeuropa und alle Wege führen nach Santiago de Compostela. Wenn man so will eine sehr frühe europäische Union im christlichen Glauben. Wie wir auf dieser Pilgerwanderung bemerkt haben, beschränkt sich dieses spirituelle Wegenetz schon längst nicht mehr auf Europa, denn wir haben Pilger aus Nord- und Südamerika, Afrika, Asien, Neuseeland und Australien getroffen.

Der Pilgerzug auf dem Alto del Perdón

Am Feldrain

Die Brücke der Königin in Puente la Reina

Wir Pilger

Unsere Wege und unsere Schatten

Burgos, die Kathedrale de Santa María

Der Cid

BURGOS BIS SANTIAGO DE COMPOSTELA

TAGEBUCH 2008

Der Pilgerweg von den Pyrenäen bis nach Santiago de Compostela wird auch als der „Sternenweg" bezeichnet, weil dieser Weg dem Verlauf der Gestirne der Milchstraße folgt. Bereits die Kelten nutzten diesen Weg zu kultischen und religiösen und rituellen Zwecken. Der Legende nach wies dieser Sternenweg Karl dem Großen die Richtung nach Galicien. Im Traum erschien ihm der Apostel Jakobus, der ihn dazu aufforderte, Spanien von den Mauren zu befreien. So schön kann eine Legende natürlich auch schnöde Expansionsgedanken verbrämen.

Der Name Santiago ist die spanische Bedeutung für „heiliger Jakob" und ist als männlicher Vorname heute noch in Spanien gebräuchlich. Über die Herkunft des Namens Compostela besteht Uneinigkeit bei den Wissenschaftlern. Während das eine Lager sich auf den Sternenweg bezieht und Compostela als „campus stellae" das Sternenfeld deutet, so hält die andere Seite die römische Sitte dagegen, an bedeutenden Wegkreuzungen und Straßen Friedhöfe anzulegen „compostum". Es gibt jetzt ganze Abhandlungen darüber, weshalb das eine oder das andere Argument mehr zieht, aber das soll uns nicht kümmern. Genauso wenig braucht es uns zu kümmern, ob die Reliquien in Santiago de Compostela nun echt sind oder nicht. Von wissenschaftlicher Seite bestehen erhebliche Zweifel daran, obwohl mehrere Päpste die „Echtheit" bestätigt hatten.

Der Namenstag des Apostels Jakobus ist der 25. Juli. Immer wenn dieser Festtag auf einen Sonntag fällt, spricht man vom „Año Santo Compostelano", dem heiligen compostelianischen Jahr. Ab Anno Domini 1428 sind heilige Jahre nachgewiesen. In dieser Zeit standen Pilger unter besonderem königlichem Schutz und das „heilige compostelianische Jahr" ist auch mit speziellen Sündenablässen verbunden. Das ist vermutlich der Grund dafür, dass in heiligen Jahren die

Pilgerzahlen in die Höhe schnellen. Die nächsten heiligen Jahre werden 2010 und 2021 begangen. In heiligen Jahren betreten die Pilger die Kathedrale von Santiago durch die Puerta Santa, die nur in diesen besonderen Jahren vom Bischof von Santiago geöffnet wird.

Die spanischen Regionen sind sehr tief in ihren Traditionen verwurzelt. So wird im Pyrenäen-Gebiet baskisch gesprochen. Diese Sprache ist genauso Amtssprache wie Spanisch (Kastilisch). Die Ortsbezeichnungen sind hier immer zweisprachig. Zum Beispiel die Stadt Pamplona heißt auf Baskisch Iruñea. In der autonomen Gemeinschaft Galicien werden neben der eigenen Sprache auch sehr die keltischen Wurzeln gepflegt. Dies wird ganz besonders in der Musik deutlich, denn die Harfe und der Dudelsack haben einen hohen Stellenwert. Ein auch in Europa bekannter Künstler für diese Musikrichtung ist Carlos Núñez. Außerdem scheint es sich um einen sehr eigensinnigen Volksstamm zu handeln, denn fremde Besatzer, wie Römer, Westgoten und Mauren konnten sich hier nicht dauerhaft festsetzen.

Die Jakobsmuschel ist das Pilgerzeichen schlechthin. In früheren Jahrhunderten war sie das Symbol für die vollendete Pilgerschaft. Heute erhalten die Pilger den auf ihren Namen ausgestellten Compostela, die Urkunde über die vollendete Pilgerschaft, wenn sie nach den festgelegten Regeln, zu Fuß, zu Pferd oder per Fahrrad mindestens 100 Kilometer bzw. 200 Kilometer zurückgelegt haben.

Volle 10 Monate liegen jetzt zwischen unseren beiden Pilgerwegen. Im November 2007 hatten wir bereits die Flüge Köln nach Bilbao, für unsere Fortsetzung ab Burgos und Santiago de Compostela nach Hamburg, für die Heimreise gebucht. Das war ganz schön vorwitzig von uns, denn bereits im Dezember war meine Teilnahme an der Wanderung aus gesundheitlichen Gründen gefährdet. Aber, ich habe zugesehen, dass ich wieder auf die Füße komme und ab Februar haben wir Trainingstouren ohne Rucksack unternommen und da wurde uns klar, dass wir es probieren sollten. Ganz sicher haben auch die Erinnerungen an den ersten Teil des Caminos geholfen, die gesundheitliche Krise zu überwinden und so können wir unbeschwert unsere Ausrüstung ergänzen.

MECKELFELD – KÖLN 1. MAI 2008

Die guten Wünsche aus München und aus Zell am See in Österreich begleiten uns, als wir zu Fuß von unserem Haus zum Bahnhof nach Hamburg-Harburg gehen. Das sind rund sechs Kilometer und wir haben zeitlich gut kalkuliert, so dass wir uns noch ein zweites Frühstück vor unserer Bahnreise nach Köln gönnen können. Es ist nach einer sehr langen und kalten Schlechtwetterphase, der erste richtig schöne sonnige Tag heute in Hamburg. Leider verkrümelt sich die Sonne während der Bahnfahrt immer mehr und als der Kölner Dom in Sicht kommt, gibt es kräftige Schauer. Um unser Hotel im Uni-Viertel tobt das Leben, denn es ist ja außerdem noch „Vatertag". Wir sitzen unter der Markise des Restaurant Magnus und trinken ... was?? – „Kölsch" – natürlich, was denn sonst!

Außerdem sind Cocktails die Spezialität des Hauses und da werden wir übermütig. Der „Tiefseetaucher" hat es uns angetan (verschiedene Barcardi-Sorten und frisches Obst). Mehr als eines Cocktails bedurfte es nicht, um uns in Abgründe zu tauchen, die so trübe sind wie das Getränk, aber echt lecker, sag' ich.

KÖLN – BILBAO – BURGOS 2. MAI 2008

Mit der S-Bahn fahren wir zum Flughafen Köln-Bonn. Bereits auf dem Kölner Hauptbahnhof werden wir von einer jungen Frau angesprochen, ob wir Pilger seien. Sie erzählt uns, dass sie in einem Dorf am „Camino del Norte", also an der Küste des Golf von Biskaya wohnt und häufig von der spanischen Polizei oder von Dorfbewohnern angesprochen wird, wenn deutsche Pilger in Not sind, die der spanischen Sprache nicht mächtig sind.

Bilbao hat ein weltberühmtes Museum für moderne Kunst, das Guggenheim-Museum. Eigentlich habe ich mir so gedacht, wenn wir schon so gegen 12.00 Uhr mittags in Bilbao landen, könnte die Zeit für eine kurze Stippvisite reichen. Die Dame auf dem Platz in Flieger neben mir überzeugt mich davon, dass das nichts Halbes und nichts Ganzes sei. Nun ja und so geht es gleich weiter zur Busstation. Bis wir uns da in dem Gewusel zu Recht gefunden haben, ist auch schon einige Zeit vergangen, aber Gerd nutzt noch ausgiebig die Gelegenheit, die spanische Damenwelt in ihren hochhackigen Tretern zu bewundern. Das soll jetzt kein Neid sein, wo wir doch in unseren hocheleganten, rustikalen Wanderschuhen unseren Auftritt haben.

Im Flugzeug und auch im Bus lernen wir schon die ersten Pilger kennen. Mit Beate und ihrer Tochter Xenia aus Paderborn gehen wir dann in Burgos zur Kathedrale, um den ersten Stempel auf dieser Etappe zu holen. Mit dem Stempel aus der Kathedrale hatten wir im letzten Jahr unsere Wanderung beendet und mit diesem Stempel nehmen wir den Weg in diesem Jahr wieder auf. Das ist jetzt keine Buchhalterweisheit, von wegen (Bilanz-) Kontinuität. Es ist uns schon einigermaßen wichtig, dort wieder anzufangen, wo wir aufgehört hatten.

Wir sind doch einigermaßen erstaunt, wie viele Pilger sich in Burgos versammelt haben. Es sind ganz besonders viele Deutsche anwesend, was uns zunächst etwas wundert. Der stark übergewichtige Berliner schwitzt sich schon halbtot auf dem kurzen Weg von der Busstation bis zum Refugio. Wie weit er wohl gekommen sein mag?

BURGOS - HONTANAS 3. MAI 2008

Es ist ein Riesenunterschied, ob man im Mai oder im Juni in dieser Region unterwegs ist. Bis 6.30 Uhr ist es noch dunkel und auch sehr kalt. Wir gehen um 7.30 Uhr los, in einem ziemlich flotten Tempo.

Von Hochebene kann man nicht in dem Sinne sprechen, wie ich geglaubt habe, dass es sei. Wir bewegen uns grundsätzlich in 800 Höhenmetern und wenn man meint, es sei flach wie ein Pfannkuchen, dann ist das ein Irrtum. Es geht doch ganz locker auf und ab, aber die

Steigungen sind bis auf wenige Ausnahmen moderat. Frühstückspause in Tardajos. Jetzt ist es sonnig und dann gleich mollig warm, die Pullover werden ausgezogen. Es ist unendlich grün und hügelig und wir laufen entspannt unseren ersten Abschnitt. Das ist auch gut so, denn es muss nicht zwangsläufig gleich die schwierigste Etappe sein, wenn man neu beginnt.

In Hornillos del Camino besteht die Chance, den Tag im Refugio ausklingen zu lassen, aber ich kann heute den „Wanderhals" nicht voll kriegen und will unbedingt noch die weiteren elf Kilometer bis Hontanas laufen. Jeder Wanderführer warnt davor, gleich am Anfang mit voller Kraft los zu gehen und was machen wir? War keine so gute Idee, wie ich jetzt weiß. Gerd und ich sind total Scholle. Wir sind durch diese unendliche grüne Landschaft marschiert und von Hügel zu Hügel rückte der Horizont immer wieder weiter weg. Unsere Geduld wird auf eine harte Probe gestellt; gelesen habe ich zwar davon, selber die Situation so empfinden, ist doch etwas anderes. Als wir einen Sendemast ausmachen, ist uns klar, hier befindet sich ein Ort, dessen Einwohner Wert auf mobiles Telefonieren legen. Komplett in einem Tal versteckt erscheint Hontanas. Heute sind wir 30,7 Kilometer gelaufen.

In der Herberge ist nur noch ein Bett frei. Dieses Bett überlassen wir Steffi, die dort ihren französischen Wegbegleiter aus der Anfangsphase ihrer Wanderung wiedergetroffen hat. Gerd und ich werden in einem Ausweichquartier untergebracht und da wir hier die Ersten sind, haben wir freie Bettenwahl.

Der Ort hat laut Wanderführer nur 65 Einwohner, beherbergt aber viel mehr Pilger als Einwohner. Zu Hause habe ich meine spanischen Sprachkenntnisse wieder auf Trab gebracht, sogar mein Spanischlehrbuch schleppe ich in meinem Rucksack herum, falls ich mal Langeweile haben sollte oder so. Kann ja nicht schaden. Heute ist spanisch nicht gefragt. Eine italienische Pilgerin aus Milano verwickelt mich in ein Gespräch und da sie so gut wie kein englisch spricht, klaube ich mir die Italienischkenntnisse der Vergangenheit zusammen. Ich muss einen sehr kommunikativen Eindruck auf die anderen machen, denn ich werde im Verlauf der Wanderung noch oft mit fremden Sprachen konfrontiert. Gerd liegt schon im Bett und fühlt sich durch unser Geschnatter, auf der Bank vor dem Schlafsaal, in seiner Nachtruhe gestört. Dabei ist er der größte Störenfried, wie er am nächsten Morgen erfahren sollte.

HONTANAS – BOADILLA DEL CAMINO 4. MAI 2008

Heute Morgen gehen mir die österreichischen Damen ganz gehörig auf den Geist. Sie mokieren sich darüber, dass Gerd so laut geschnarcht hat. „Das Sägewerk ist munter geworden", habe ich gehört. Ha, Ha! Meine Güte, wenn man das nicht vertragen kann, dann darf man nicht mit 20 Personen in einem Raum übernachten. Zumindest kann man sich die Ohren verstopfen oder in ein Hotel gehen. Diese Tanten finden wir nur noch blöd und deshalb frühstücken wir auch nicht in Hontanas, sondern machen uns gleich auf den Weg, damit wir uns nicht weiter über die ärgern müssen.

Es ist wieder recht kalt, die Sonne lässt sich aber nicht lange bitten. Vor der Klosterruine San Antón überholen wir Elke. Elke hat es gestern mit letzter Kraft bis nach Hontanas geschafft und sie humpelt wirklich schrecklich, als wir auf sie treffen. Ihre Füße sind mit Blasenpflastern zugekleistert und trotzdem gibt es noch Stellen, wo sich neue Wunden bilden können.

Elke, sie ist die am meisten fotografierte Pilgerin auf dem Weg. Der Grund dafür liegt in ihrer Aufmachung. Sie hat sich für den Pilgerweg die Kleidung nach der Art der mittelalterlichen Pilger schneidern lassen. Einfach eins zu eins in unsere Zeit umsetzen kann man solche Ideen nicht. Sie musste Kompromisse machen. Beim Material zum Beispiel. Wolle oder Leinen wäre für ihre Zwecke viel zu schwer gewesen, deshalb wurde Fleecestoff gewählt, der ist vergleichsweise leicht und wird bei Regen nicht allzu nass und schwer. Die historische Pilgerkleidung war braun oder schwarz, diese Farben konnte sie für ihren Fleecestoff nicht bekommen und deshalb nahm sie rot. So kann man Elke schon aus weiter Ferne ausmachen. Einige Pilger haben Elke später den Spitznamen „Kardinal" verpasst, wegen der wadenlangen roten Pilgerkutte. Als wir Elke zum ersten Mal so im Flugzeug gesehen haben, haben wir so gedacht, was ist das denn für eine!!? Da wussten wir noch nicht, dass Elke ordinierte evangelische Schwester, sprich Nonne ist, die sich schon lange Zeit Gedanken über ihren Pilgerweg gemacht hatte. An dieser Stelle muss ich Elkes Wanderstab beschreiben, denn sie hat sich diesen Stab nach ihren Vorstellungen fertigen lassen. Am unteren Ende ist der Stab mit einem Eisenring vor dem Ausfransen beim Kontakt mit dem Boden gesichert, dann sind Fußabdrücke um den Stab laufend von unten nach oben eingeschnitzt. Kurz vor dem oberen Ende hatte Elke drei bunt bemalte hölzerne Engel anbringen lassen und den Abschluss des Stabes bildet eine Jakobsmuschel aus Gips, die mit einer angedeuteten Dornenkrone aus Jute versehen ist. Dieser Stab ist insgesamt kräftiger als unsere Gebrauchswanderstöcke und wohl auch mit dem entsprechenden Gewicht.

Diese Klosterruine San Antón hat etwas, das kann man kaum benennen. Es gibt Stätten und auch Städte oder Dörfer, in denen man den Geist der Vergangenheit auch heute noch empfinden kann. Diese Ausstrahlung hat San Antón und gleichfalls gilt das für die Stadt Castrojeriz, die wir als nächstes erreichen. Im Wanderführer steht, die heutige Straße folge strikt der historischen Pilgerroute und verläuft mitten durch das Bogengewölbe, das Kloster und Kirche verband. In diesem Kloster aus dem 12. Jahrhundert wurden in alten Zeiten die kranken Pilger gepflegt und mit Speisen und Getränken versorgt. Den Mönchen des Antonius-Ordens wurden im Mittelalter Wunderheilungen der Krankheit „Antoniusfeuer" nachgesagt. Diese Krankheit wurde durch eine Vergiftung mit dem Mutterkornpilz im Getreide verursacht. Heutzutage wird das Getreide gereinigt und Vergiftungen sind deshalb sehr selten geworden, das Mutterkorn kann immer noch gelegentlich im Getreide nachgewiesen werden.

Das religiöse Symbol der Mönche des Antonius-Ordens war das „Tau", als Zeichen der Erwählung, Demut und der Erlösung.

Die T-Form dieses Kreuzes ist dem griechischen Alphabet entnommen und entspricht gleichzeitig dem letzten Buchstaben des hebräischen Alphabetes. Dieses Tau-Kreuz trugen die Mönche zu ihrem Ordensgewand. Durch das Wirken der Mönche für die Menschen ihrer Zeit fand das T-förmige Kreuz seinen Platz als „Cruz del Peregrino" auf dem Jakobsweg. Aber das hauptsächliche äußere Zeichen der Pilgerschaft ist bis heute die Jakobsmuschel. Im Mittelalter gehörten auch der Wanderstab, die nach oben offene Tasche für die Almosen und die Kürbisflasche dazu.

Wir befinden uns in der Gegend der Mesetas, der Tafelberge. Die Stadt Castrojeriz ist eine westgotische Gründung und man kann ihre frühere große Bedeutung heute noch spüren. Nachdem wir Castrojeriz der Länge nach durchwandert haben, wird es wieder mal ernst für uns. Wir kommen an die Steilhänge des Meseta und da müssen wir rauf. Es sind nur ca. 200 Höhenmeter zu überwinden, aber ... wie steil es ist. Wir haben ein Foto gemacht, darauf sieht das alles sehr viel harmloser aus, als es ist. Die Wolken zeigen sich uns sehr gnädig, denn die Sonne wird von ihnen ein bisschen verdeckt. Trotzdem brauche ich sehr viel Wasser und ganz viele Pausen zum Durchschnaufen, bis wir oben sind. Zu allem Überfluss brettert dann auch noch ein Quad-Fahrer mit seinem Fahrzeug und einer riesigen Staubwolke an uns vorbei. Für ihn ein halsbrecherisches Vergnügen, für uns nur lästig.

Oben genießen wir erst einmal die Aussicht und wenn man dann mal oben ist, muss man meistens wieder in irgendeiner Form runter. Steil natürlich! Durch gleichförmige Gerstenfelder geht es bis nach San Nicolás. Zu dieser Jahreszeit sind die Felder noch alle in einem satten Grün, im Juni/Juli, wenn das Getreide goldgelb leuchtet und die Halme so hoch gewachsen sind, dass Leute von meiner Größe kaum noch drüber gucken können, muss es ganz schön langweilig sein. Der Dumont-Wanderführer spricht von der Etappe mit spirituellem Tiefgang, bleibt einen auch gar nichts anderes übrig.

Nachdem wir den Fluss überquert haben, kommen wir an ein steinernes Monument, welches uns mitteilt, dass wir uns jetzt nicht mehr in der Provinz Burgos, sondern in der Provinz Palencia befinden. Beide

Provinzen sind Teil der autonomen Gemeinschaft Castilla y León. Bei diesem Stein machen wir Siesta auf einer Bank, denn zum „im Gras liegen" ist es zu kalt. Hier machen wir auch erstmals die Bekanntschaft mit den „Buspilgern". Diese Leute grasen per Bus den Jakobsweg ab und fotografieren alles, was ihnen vor die Linse kommt, unter anderem auch uns, bei unserem Schläfchen. Wahrscheinlich tauchen wir beide in so manchem Fotoalbum auf. Zu erkennen sind wir nicht, denn unsere Kopfbedeckungen haben wir ins Gesicht gezogen.

Gerd und ich haben uns gerade darüber unterhalten, was diese endlose Gegend für Kinder und besonders für Jugendliche bedeutet, als vor einem Haus ein Junge sitzt, der sich sichtlich um die Ecke langweilt. Von Itero de la Vega bis zu unserem Ziel, Boadilla del Camino, sind es noch neun einsame, gleichförmige, hügelige Kilometer.

In Boadilla del Camino steht gerade die Tür zur Albergue Municipal im alten Schulhaus offen; wie eine Einladung und so gehen wir hinein. Es sind schon zwei weitere Pilger anwesend. Es ist alles ordentlich und sauber und so haben wir keine Schwierigkeit in einer ganz einfachen Herberge zu übernachten, obwohl wir von anderen Pilgern wissen, dass es im Ort noch ein Refugio mit Luxusausstattung gibt. Später kommt dann noch ein französisches Paar hinzu und mehr Mitbewohner haben wir nicht. Die andere Pilgerherberge verfügt über einen kleinen Pool und Rasen. Dort genießen wir unser Ankunfts-Cerveza und später dann auch das Pilgermenü. Vor allem aber treffen wir dort auf viele bekannte Gesichter von unterwegs.

Einer unserer Mitbewohner, ein Berliner Banker, ist in unserer Herberge zurückgeblieben, weil er Lebensmittel mitbrachte und dort essen will. Trotz der schwarz aufziehenden Gewitterfront machen wir uns auf den Weg zu dem anderen Refugio, für unser klassisches Pilgermenü: Lentejas, Pollo und Flan (Linsensuppe, gekochtes Hähnchen und Karamellpudding).

Elke hat die 30-Kilometer-Strecke noch ganz kurz vor dem großen Gewitter geschafft. Sie sagt, die guten Gedanken ihrer Mitpilger haben sie so gezogen, dass sie ihr Ziel noch rechtzeitig erreichen konnte. Der Gewittersturm bricht los, der Strom fällt aus und die Mückengitter werden aus den Fensterverankerungen gerissen und der Boden wird von dem Starkregen überflutet und in dem Ausweichquartier, in dem einige untergebracht sind, läuft das Wasser durch die Geschossdecke auf die Schlafsäcke und die Klamotten. Als der Spuk vorbei ist, wird das Essen serviert und wir kehren in unser Quartier zurück, aus dem unser daheim gebliebener Mitbewohner gerade den letzten Eimer Wasser schippt. Auch der Fußboden von unserer Albergue ist überschwemmt worden. Aber fürsorglich hat der Berliner unsere Schuhe und alles, was auf dem Boden stand, hochgestellt. Vielen Dank.

BOADILLA DEL CAMINO – CARRIÓN DE LOS CONDES 5. MAI 2008

Heute sind es nur 25 Kilometer bis Carrión de los Condes. Nach dem gestrigen Gewittersturm ist die Luft sehr schön rein und klar und es ist sehr angenehm zu gehen. Vorbei geht es an der spätgotischen Gerichtssäule „Rollo Jurisdiccional", hier wurde früher Gericht gehalten. Diese Säule finden wir später auch auf einer Briefmarke wieder, die im Heiligen Jahr 1999 veröffentlicht wurde. Ein schöner Weg führt immer am Canal de Castilla entlang. Bei einem der Wehre in der Nähe von Frómista überqueren wir den Kanal auf einem schmalen Steg.

Die ganze Strecke heute ist unspektakulär, neben einer wenig befahrenen Straße verläuft der Original-Pilgerweg, mit den markanten Wegmarkierungen. Diese Wegmarkierungen bestehen immer aus vier nebeneinander auf Lücke stehenden Betonpfeilern, in die Muschelkacheln eingelassen sind. Die Muschelkacheln in blau und gelb sind leider weitestgehend von Souvenirjägern aus den Betonsäulen heraus gebrochen worden und dann von der Junta de Castilla y León durch einfache farbige Muschelmarkierungen ersetzt worden. Eine etwas weniger aufwändige Kennzeichnung hätte es vermutlich auch getan. Außerdem ist die Straße durch unattraktive Betonpfeiler verschandelt. Das braucht kein Mensch und Pilger sowieso nicht.

Es ist leicht bewölkt, nicht zu warm und Getreidefelder ohne Ende und trotz der riesigen Felder erinnert uns diese Hügellandschaft ein wenig an Schleswig-Holstein. Kurz hinter Frómista entdecken wir auf einer Betonsäule abgestellte kaputte und mit einem Wundverband geflickte Wanderschuhe. Ein sehr lustiges Pilgermonument und ein beliebtes Fotomotiv auch bei anderen Wanderern.

Kurz vor Carrión de los Condes finden wir auf dem Weg ein Paar Wandersandalen in einem sehr guten Zustand. Nach der Größe zu urteilen dürften diese Schuhe einer Pilgerin gehören. Die werden sicherlich von jemandem vermisst und deshalb nehmen wir die Sandalen mit zum Refugio, vielleicht findet sich dort die Besitzerin.

In Carrión ist die Ausschilderung für die Refugios sehr schlecht. Wir haben längst den Fluss überquert und stehen im Begriff, die Stadt wieder zu verlassen, ohne auf einen Hinweis auf die drei Herbergen gestoßen zu sein. Erst mal heftige Diskussionen untereinander und dann kehren wir um. Ein spanischer Señor, den wir nach dem Weg fragen, begleitet uns doch vorsichtshalber bis zur Albergue Espiritu Santo, weil er nicht sicher ist, ob wir ihn richtig verstanden haben. Wirklich sehr fürsorglich, wir haben später noch öfter die Erfahrung gemacht, dass die Einheimischen den Pilgern ganz besondere Aufmerksamkeit gewähren. Muchas Gracias.

Im Konvent empfängt uns eine Nonne und nachdem sie sich nach unserer Nationalität erkundigt hat, sagt sie auf Deutsch: „Herzlich Willkommen". Im Gästetrakt gibt es eine kleine Küche und sogar einen Computer und in den Schlafräumen dieses Mal keine Doppelstockbetten.

Dieses Carrión de los Condes, Hauptstadt der Tierra de Campos, trägt eine schwere Last. Schuld daran ist das altspanische Heldenlied „Cantar de Mîo Cid.". In diesem Epos kommen die beiden Grafensöhne aus Carrión, die die Schwiegersöhne des alten Kämpen „El Cid" wurden, sehr schlecht weg. Die ganze Geschichte soll frei erfunden sein, aber ... man weiß ja nie. Tatsache jedenfalls ist, dass der Cid Vater zweier Töchter war, wenn sie auch andere Namen trugen, als die im Epos genannten: Doña Sol und Doña Elvira. Die tatsächlichen Namen der Cid-Töchter waren Cristina und María.

Im Heldenlied heißt es, dass der König Don Alfonso der Brautwerber für die beiden Infanten aus Carrión war. *„Nach der Messe ruft der König alles Volk um sich zusammen und beginnt zu reden also: Hört mich, Krieger, hört mich Grafen, hört mich auch ihr kühnen Knappen! Einen Wunsch will ich jetzt sagen meinem Cid Rodrigo Díaz, will es Gott, zu seinem Wohle. Um die Hände Eurer Töchter, Doña Sol, Doña Elvira, werbe ich zur heiligen Ehe mit den Grafen, den Infanten."* Der Cid konnte sich dieser „Ehre" kaum erwehren, auch der Hinweis auf das so jugendliche Alter der Bräute verfing nicht und so kamen die Ehen mit den beiden Grafen zustande.

Was Mut und Kampfkraft anging, so fehlte beides den Schwiegersöhnen, dafür steht die nachfolgende Geschichte: *„In Valencia mit den Seinen, auch mit seinen Schwiegersöhnen war der Cid Rodrigo Díaz. Ausgestreckt auf einem Lager schlief der Campeador. Erfahrt nun von der bösen Überraschung, die sie alle dort erlebten. Aus dem Käfig brach der Löwe! Reißt sich los, verbreitet Schrecken. Ging am Hofe große Angst um. Alle hüllen sich in Mäntel und umstehn das Ruhelager, wo der Cid ganz friedlich schlummert. Nur Fernando Graf González, einer von den zwei Infanten, fand kein Loch, sich zu verstecken, keinen Turm und keine Halle. So schlüpft er mit großer Eile unters Bett mit Zähneklappern. Durch die Türe rennt sein Bruder, der Don Diego, schreit und zetert: Niemals seh Carrión ich wieder."* Wie sollte es anders sein, der Cid bezwingt den Löwen mit seiner Anwesenheit und seinem Blick. Im Epos heißt es weiter: *„Niemals hörte man am Hofe soviel Spott und soviel Scherze, bis der Cid gebietet Schweigen. Sehr beleidigt waren da die zwei Infanten über das, was vorgefallen."*

Die beiden Grafen schmieden böse Pläne, um sich aus den Ehen mit den Cid-Töchtern zu befreien, die sie nun als eine Mesalliance empfinden: *„Laßt verlangen unsre Frauen uns vom Cid Rodrigo Díaz, sagen wir, dass wir sie führen nach Carrión, um dort zu zeigen unsre Länder, die ihr Erbe. Nehmen wir sie aus Valencia, aus der Macht des Cid, und nachher, einmal auf dem Wege, tun wir nach Belieben, ehe sie* *uns die Geschichte mit dem Löwen vor die Nase halten. Sind wir doch von edlem Blute, Grafen, von Carrión sind wir Infanten."*

Es fiel den Grafen reichlich spät ein, dass sie von sehr viel höherem Adel waren, als der Campeador. Auf dem Weg wurden die beiden Frauen geschändet und dann für tot in der Wildnis liegen gelassen. Ein Verwandter rettet die beiden Töchter und so ist die Rache für die schändliche Tat jetzt beim Cid, der beim König den Zweikampf auf Leben und Tod fordert und so seine Töchter zu Witwen macht.

Mit dieser Hypothek also lebt man schon seit Jahrhunderten in Carrión de los Condes. Wer bloß hat die aus Carrión so gehasst, dass dieser unrühmlichen, vermutlich unwahren, Geschichte im Epos ein so breiter Raum gegeben wurde. Das ist ein Beispiel für eine verleumderische Rufschädigung auf Jahrhunderte.

In unserem Tagebuch steht: „Ganz nette Stadt und morgen geht's nach Terradillos de los Templarios! Bueno!"

CARRIÓN DE LOS CONDES – 6. MAI 2008
TERRADILLOS DE LOS TEMPLARIOS

Gerd schreibt, dass er schon seit zwei Tagen Rückenschmerzen hat und auch Blasen, an jedem Fuß eine. Lässt sich aber alles aushalten. Mir geht es in Punkto Rückenschmerzen ähnlich, die Probleme lassen immer nach einiger Zeit sturen Weitergehens wieder nach. Heute haben wir wieder eine etwas längere Strecke vor uns, ca. 28 Kilometer. Das Wetter ist gut, ein paar Wolken und etwas Wind und dieser Weg ist wieder einmal geschichtsträchtig. Nicht, dass man das so unbedingt sehen könnte, aber wir wissen darum und machen uns so unsere Gedanken.

Kurz hinter dem Ort Santa María de Benivívere beginnt die „Via Aquitana", die alte Römerstraße, auf der die Goldtransporte aus den Montes de León über Astorga bis nach Bordeaux durchgeführt wurden. Die Streckenführung mag noch original sein, die Wegbefestigung ist es jedoch nicht, ziemlich steinig alles. Wir sinnieren darüber, was man wohl alles noch finden würde, wenn man mal buddelt. Diese alte Römerstraße verläuft fast schnurgerade und man kann deshalb sehr weit gucken. Auf diesem zwölf Kilometer langen Abschnitt geht es zu wie auf der Autobahn, Pilger, Pilger, Pilger, alle meistens in eine Richtung. Zu Fuß, mit dem Fahrrad und auch zu Pferd. Es sind acht Reiter mit ihren Pferden unterwegs, wir werden sie noch bis Sahagún immer mal wieder treffen.

Noch mit einer weiteren Besonderheit wartet dieser Weg auf, wir queren auf der Via Aquitana die Cañada Real Leonesa. Die Cañadas sind Jahrhunderte alte Weidewege, auf denen das Vieh, hauptsächlich Schafe, aus dem sommerlich heißen Andalusien in den kühlen und grünen Norden Spaniens getrieben wurde. Diese Viehtriebswege sind ökologisch sehr wertvolle Landschaftskorridore und deshalb gibt es Bestrebungen, sie unter Naturschutz zu stellen. Ansonsten laufen wir wieder durch Getreidefelder ohne Ende; einzige Abwechslung, ein paar Feldscheunen und ein Bauer, der mit Maschinen sein Feld bestellt.

Weil uns die beiden Picknickplätze zu überfüllt sind, gehen Gerd und ich die ersten 18 Kilometer ohne Pause bis nach Calzadilla de la Cueza durch. Dort gibt es eine Bar und eine Miniparkanlage mit Bänken und da machen wir ein kleines Schläfchen. Leider sind die Bänke aus Stein und damit sehr kalt, was Einfluss auf die Dauer unserer Pause hat. Der Weg führt uns jetzt an der Autostraße entlang bis nach Terradillos de los Templarios.

Dieser Ort war im Mittelalter eine Besitzung des Templerordens, der, wie andere spanische Ritterorden auch, für die Sicherheit der Pilger auf dem Jakobsweg sorgte. Wir lassen uns in der Herberge „Jacques de Molay" nieder, benannt nach dem letzten Großmeister des Templerordens, der in Jahr 1314 von der Inquisition gefoltert und verbrannt wurde. Der Templer-Orden war dem französischen König Philipp IV. zu reich und zu mächtig geworden. Papst Clemens V. unterstützte die Intrigen des Königs und so wurde der Ritterorden zerschlagen. Wir atmen mal wieder Geschichte. Überhaupt waren die

Ritterorden zum Schutz der Pilgerschaft in den unruhigen Zeiten der Reconquista von großer Bedeutung. Der Norden Spaniens wurde relativ früh von muslimischen Besatzern befreit, für das südliche Spanien dauerte die Besetzung weit über 700 Jahre an, bis ins Jahr 1492. Das Zeichen des Santiago-Ordens, ist das rote, zum Schwert stilisierte Kreuz auf weißem Grund.

Gerd und ich haben für uns alleine ein Fünfbettzimmer. Als wir eine kleine Ruhepause in unserem Raum einlegen, hören wir das Stakkato von Trekkingstöcken auf der Straße und da wissen wir, aha, Steffi ist soeben eingetroffen. Uli aus Remscheid, Jürgen aus Würzburg, die junge 19-jährige Angela, die mit ihrer Geige im Gepäck den Jakobsweg wandert und Dieter, alle haben sich hier eingefunden. Die Herberge bietet abends das Pilgermenü an, gekochtes Gemüse oder Linsensuppe, Fisch oder Huhn und als Nachtisch Obst oder Eis. Die beiden Italienerinnen aus Milano, die wir immer wieder unterwegs getroffen haben, sitzen bei uns mit am Tisch. Wir haben sehr viel Spaß, trotz holperiger Verständigung. Gerd gibt wieder einen seiner kleinen Zaubertricks für Kindergeburtstage zum Besten. Uli kann sich vor Lachen kaum noch einkriegen, als er den Trick erkennt.

Wir müssen nicht durch die Meseta hetzen, deshalb nehmen wir uns für morgen nur eine kurze Strecke vor, von Terradillos de los Templarios bis nach Calzada del Coto, rund 18 Kilometer. Die bunte Reihe der blumenreichen und langen Ortsbezeichnungen reißt nicht ab. Die Länge der Namen spiegelt sich nicht in der Anzahl der Bewohner wider, so hat Terradillos de los Templarios ganze 90 Einwohner und die „Stadt" Carrión de los Condes hat immerhin schon 2.386 Bewohner.

TERRADILLOS DE LOS TEMPLARIOS – 7. MAI 2008
BERCIANOS DEL REAL CAMINO

Es geht mir heute Morgen gar nicht gut, mir ist speiübel. Am Abend hatte ich Fisch gegessen, war der nicht in Ordnung gewesen?? Ich habe Durchfall und kaum haben wir das Refugio verlassen, als ich mich schon im hohen Bogen übergeben muss. Das kann ja heiter werden. Wir gehen trotzdem los. Essen kann ich gar nichts, nur ein bisschen Tee kann ich trinken. An diesem Tag bin ich dann doch ein wenig mehr mit mir selbst beschäftigt und so kümmere ich mich nicht wirklich um die seltsamen Gebäude in San Nicolás del Real Camino. Die Umgebung wird von mir heute lediglich registriert! Die Häuser sehen aus, als hätten die Hobbits aus dem „Herr der Ringe" hier ihre Wohnungen gebaut. Sind es nun Hügel, die Wohnungen enthalten oder sind es Häuser, die man mit Erdhügeln verkleidet hat? Später erfahren wir, dass es sich um Vorratslager handelt. An diesem Tag halte ich mich nirgendwo unnötig auf, denn ich muss immer zusehen, dass ein WC in der Nähe ist.

Aus der Wiese dringt der Duft der Kamille in meine Nase; Kamille, das ist doch genau das, was ich jetzt gut brauchen kann und in der Bar in San Nicolás kann ich sogar Kamillentee bekommen. Kräutertees sind nicht gerade üblich in spanischen Bars. Auf Spanisch heißt Kamillentee „infusión de manzanilla", wenn das mal nicht schon ziemlich medizinisch klingt.

Ein deutscher Pilger outet sich als Mediziner und er versorgt mich mit Tabletten und ein paar Kilometer weiter bei der Ermita de la Virgen del Puente wird er Zeuge, wie ich das Zeug wieder loswerde. Er empfiehlt mir, besser einen Arzt aufzusuchen.

Weiter geht es nach Sahagún. Vielleicht bin ich jetzt einfach ungerecht, denn ich finde, Sahagún ist eine große Industriemüllhalde, in die in ganz frühen Zeiten ein paar Perlen der Baukunst hinein gestreut wurden. Die Lehmziegelbauwerke kümmern mich nicht, ich beeile mich, damit ich diese Stadt hinter mich bringe, denn bis Calzada del Coto sind es noch fünf Kilometer.

Unterwegs treffen wir Elke. Gerd geht ein Stück mit ihr; ich entschuldige mich, denn ich will zusehen, dass ich möglichst bald im Refugio bin, denn die beiden sind mir zu langsam. Der Weg führt an der lebhaft befahrenen Straße entlang und es gibt keine Büsche, hinter denen man mal verschwinden könnte. Die Sonne brennt jetzt vom Himmel und ich habe gar nicht so viel Wasser bei mir, wie ich trinken möchte.

Die Albergue San Roque ist eine Zumutung! Aufgeschlitzte Matratzen und alle Räume wirken sehr ungepflegt. Es geht mir zwar sehr schlecht, aber hier bleibe ich nicht. Die weiteren sechs Kilometer bis nach Bercianos schaffe ich aber auch nicht mehr, denn ich bin kräftemäßig total ausgelutscht. Mit Gerd gerate ich noch in Streit, weil ich mit dem Taxi zur nächsten Herberge fahren werde. Der Taxifahrer lässt sich die Fuhre sehr gut bezahlen, die kurze Fahrt kostet 13,00 Euro.

Gerd geht zu Fuß und ich befinde mich schon in dem öden Nest Bercianos del Real Camino. Eigentlich befindet sich die Herberge in einem sehr interessanten Gebäude. Es ist ein Lehmziegelbau (Adobe), wie er für diese Gegend typisch ist. Als sich meine Augen an die Dunkelheit gewöhnt haben, sehe ich, dass der Fußboden der Eingangshalle mit sehr kunstvoll gepflasterten Ornamenten versehen ist. Solche Pflasterungen sehen wir dann später auch in León in der Altstadt, ein typisches Gestaltungselement in dieser Region. Im ersten Stock befinden sich drei miteinander verbundene Schlafsäle, mit klitzekleinen Fenstern und es zieht fürchterlich. Ich brauche es, glaube ich, nicht extra zu erwähnen, die unteren Betten sind natürlich besetzt. Die Krönung ist, dass es für so viele Menschen nur zwei WCs gibt, eines für Damen und eines für Herren. Außer mir ist dort noch eine Amerikanerin anwesend, die das gleiche Leiden hat wie ich. Wie ich diese Nacht überstanden habe, darüber will ich gar nicht weiter nachdenken.

Meine Wäsche muss ich hier mit der Hand waschen und diesmal ist einiges an Wäsche angefallen. Der Wäschetrockner wird hier naturell ersetzt. Von Hamburg sind wir ja so manche steife Brise gewöhnt, hier aber bläst der Wind in einer Stärke, dass die Wäsche an der Leine waagerecht in der Luft segelt. So schnell haben wir nie wieder unsere Wäsche trocken bekommen.

Mir geht heute alles auf die Nerven, besonders die übertriebene Gemeinschaftsmanie der Ungarin Judith, die die Herberge leitet. Es wird zusammen gekocht, zusammen gegessen und zusammen gebetet in der von Judith geleiteten Andacht. Ich habe mich nachher aus all dem ausgeklinkt und mich mit Fieber ins Bett gelegt, während Gerd mit den anderen Pilgern vor dem Haus sitzt und klönt.

BERCIANOS DEL REAL CAMINO – LEÓN 8. MAI 2008

Große Aufregung im Refugio, denn das Klapprad, mit dem Leonhard, ein 69-jähriger Pilger aus Düsseldorf unterwegs ist, ist verschwunden. Er macht seine Etappen in der Länge wie wir Fußgänger, benutzt sein kleines 22er Klapprad eigentlich nur für sein Gepäck. Schließlich taucht das Rad dann doch wieder auf, denn irgendjemand hat es ins Haus gestellt und im Gebäude ist es sehr dunkel, deshalb wurde es vermutlich nicht gleich entdeckt.

Wenn Pilger erkranken, dürfen sie eine weitere Nacht in der Herberge bleiben. Bei dieser Herberge macht das keinen Sinn, weil es hier keine ausreichenden sanitären Anlagen gibt. Elke und noch ein paar andere Pilger wollen mit dem Bus die restlichen 40 Kilometer nach León fahren und da schließen wir uns an. Gerd sagt, ich soll unbedingt schreiben, dass Gregor, der sich im Kirchenrecht sehr gut auskennt, im nach hinein, die Busfahrt für den Krankheitsfall genehmigt hat. Ich fühle mich elend! Der Bus hält etwas außerhalb des Ortes und von der Fahrt bekomme ich nicht allzu viel mit, denn ich versinke sofort nach dem Einsteigen in einen komaähnlichen Schlaf. Im Busbahnhof von León weckt Gerd mich und wir machen uns in León auf die Suche nach einer Bleibe. Am liebsten hätte ich ein Zimmer, mit einem eigenen Bad. In der Nähe der Altstadt befindet sich im 2. Stock eines großen Gebäudekomplexes die Pensión Blanca. Es ist ein sehr sympathischer Zug der spanischen Wirtin, dass sie uns das Zimmer, das eigentlich gar nicht zur Verfügung steht, trotzdem gibt, weil es mir so schlecht geht. Sie spricht sehr gut englisch und sagt uns, dass sie für die Gäste, die reserviert hatten, eine andere Lösung finden wird.

Bis zum späten Nachmittag schlafe ich dann durch.

Abends kochen Gerd und ich in der Gästeküche Reis und Tiefkühl-Gemüse, denn richtig etwas essen kann ich immer noch nicht.

LEÓN 9. MAI 2008

Am Tag schlendern wir durch León. León ist eine der wenigen großen Städte am Jakobsweg und hat eine berühmte frühgotische Kathedrale, die wir natürlich besuchen. Gerd hatte unsere Credenciales in der Pension gelassen und so haben wir von León keinen Stempel. Gerd meint, den Stempel hätten wir auch nicht verdient, da wir mit dem Bus angereist waren. Bei der Kathedrale treffen wir auf Angela, die die 40 Kilometer nach León an einem Stück gelaufen ist. Sie konnte einfach nicht aufhören, sagt sie uns, na ja, mit 19 Jahren kann man das so machen.

Wir suchen auch schon mal die Muschelzeichen, denn die Streckenführung in León ist ein Zickzack-Kurs. In die Straßenpflaster sind Messing-Muscheln eingelassen. Das sieht einerseits sehr hübsch aus, wenn jemand aber falsch parkt, was in großen Städten ja vorkommen soll, gibt es das Problem, dass man die Symbole nicht findet, wenn ein Auto draufsteht.

Wir hatten auf unserer Wanderung zwischen Burgos und León sehr viele Storchennester auf Kirchtürmen und Hochspannungsleitungen gesehen, aber auch mitten in der Altstadt von León, im Verkehrsgetöse, brütet ein Storchenpaar auf einem Kirchturm. Die müssen ja von irgendwoher ihre Nahrung finden, vielleicht in den Parkanlagen am Fluss?

Das Wetter hat sich leider ziemlich verschlechtert und so kommen wir in den Genuss des spanischen Fernsehprogramms. Wir haben ja mitunter schon Probleme mit dem Niveau von RTL und Sat1, aber das ist gar nichts gegen „España direct". Wir zappen weiter und landen bei dem Film „Jeanne d'Arc", auf spanisch natürlich, aber das stört uns nicht.

Ich fühle mich zwar immer noch sehr matschig, aber diese faszinierende Stadt muss ich mir etwas näher ansehen, denn hier spüre ich das urbane, pulsierende spanische Stadtleben. In der Altstadt tummelt sich eine interessante Menschenmischung aus Einheimischen, Touristen und Pilgern. Auch der spanische Ministerpräsident Zapatero ist heute in der Stadt. Sein Besuch verhindert, dass wir uns das Gebäude des Architekten Antonio Gaudí ansehen dürfen. Der Sicherheitsdienst hat alles weiträumig abgesperrt und wir werden nachdrücklich aufgefordert, diesen Ort zu verlassen. Nicht nur Ministerpräsidenten trifft man hier an, bei der Pilgerherberge kommen wir mit norwegischen Pilgern aus Tromsø (Polarkreis) ins Gespräch, die hier in León für dieses Jahr ihre Tour beenden. Diese Gespräche sind wieder das, was diesen Pilgerpfad ausmacht und bleibenden Eindruck hinterlässt. Abends versuche ich es mal wieder mit der Nahrungsaufnahme. In der Pizzeria befinden sich nur noch zwei weitere Gäste, Deutsche natürlich, denn die Spanier essen um 19.30 Uhr noch nicht, für die ist diese Zeit viel zu früh. So lernen wir die Cousinen Verena und Jenny aus dem Münsterland kennen und verbringen einen lustigen Abend. Mein Körper teilt mir trotzdem mit, dass ich straflos noch immer keine feste Nahrung zu mir nehmen darf.

Draußen tobt ein sehr starkes Gewitter und wenn wir den Wetterbericht richtig interpretieren, steht uns sehr viel Regen ins Haus.

LEÓN – VILLAR DE MAZARIFE 10. MAI 2008

Es regnet noch immer und auch mein Durchfall hat sich noch nicht wirklich erledigt. Vielleicht hätte ich doch lieber zum Gesundheitszentrum gehen sollen, unsere Wirtin hatte uns das „Centro de Salud" im Stadtplan markiert. Ich habe aber keine Lust dazu gehabt oder Probleme mit der Verständigung befürchtet, ich weiß es nicht. Ich werde es mit Medikamenten probieren. Die Apotheken öffnen erst um 9.30 Uhr; so lange wollen wir aber nicht warten und starten diesen Tag in unserer Regenmontur bei kalten 7°C.

Die ersten zwei Stunden bis La Virgen del Camino regnet es ununterbrochen, danach bleibt es dann wenigstens überwiegend trocken, mehr kann man nicht verlangen. Die Wege sind total aufgeweicht und Hosen und Schuhe verdrecken vollkommen. Die Landschaft aber, die verändert sich schon. Es gibt hier keine endlosen Felder mehr, sondern Büsche, Heidekraut und kleine Bäume, fast wie in der Lüneburger Heide. Diesen Eindruck von dieser Region hatte auch Elke, wie sie uns später schrieb.

Nach unserer Ankunft in Villar de Mazarife wärmen wir uns in einer Bar auf. Dort lernen wir Chris, einen Deutsch-Engländer kennen. Der will heute noch bis Hospital de Órbigo, das sind noch fast 3 Stunden Gehzeit, laufen. Chris ist Regisseur, vielleicht hört man in Zukunft mal von seinen Werken. Seit Burgos begegnen wir immer wieder einer deutschen Frau, die mit einem Zelt und einem kleinen weißen Hund unterwegs ist. Dieser kleine Hund hat von dem roten Schlamm ein ganz rotes Fell bekommen und muss in der Waschschüssel gebadet werden. Das ist echt putzig, der kleine Hund da in der Waschschüssel und das Fell wird trotzdem nicht wieder richtig weiß. 20 Kilogramm schleppt diese Frau mit sich und manchmal auch den Hund. Wie sie uns erzählt, muss sie morgens immer erst ihre Schmerztabletten einnehmen und wenn die wirken, kann sie weitergehen. Das Zelt aber, das braucht sie, weil sie nicht in allen Herbergen mit dem Hund unterkommen kann. Wir meinen, dass ist ein sehr hoher Preis dafür, dass sie den Weg mit ihrem Hund machen kann.

Das Refugio de Jesús wird gerade renoviert. Die Renovierungen haben eben erst begonnen und so klemmen die Fenster, die verzogenen Türen lassen sich nicht schließen und zum Innenhof gibt es derzeit überhaupt keine Türen, die die Kälte draußen lassen. Die Räume kühlen über Nacht stark aus und da ich noch nicht wieder ganz fit bin, friere ich sehr.

VILLAR DE MAZARIFE - ASTORGA 11. MAI 2008

Wir haben heute eine 31-Kilometer-Etappe vor uns. Es ist kühl, bewölkt und besonders dann am Nachmittag sonnig. Auf dem veralgten Grund einer Riesenpfütze sehen wir die Spuren eines Storches, der da auf der Nahrungssuche durchgestakt ist. Diese Gegend ist hier zunächst noch flach, mit sehr vielen Feuchtgebieten und Bächen und Kanälen. Das erklärt vermutlich auch die sehr große Storchenpopulation und deren Lieblingsspeise, Frösche!

Der Ort Hospital de Órbigo ist bekannt für seine Ritterspiele, die sich auf ein Ereignis im Heiligen Jahr 1434 beziehen. Ein Adliger wollte sich aus dem Liebeschwur einer unglücklichen Liebe und der deshalb angelegten Halsfessel befreien und forderte alle ankommenden Ritter zum Lanzenstechen bei der Brücke heraus. Die Zeit der großen Ritterturniere war längst vorüber und deshalb folgten viele Ritter diesem Ruf, um ihre Kunst und ihren Mut zu beweisen. Ritter Suero de Quiñones und seine Kämpen besiegten die ankommenden Ritter nach den festgelegten Regeln. Die Halsfessel konnte abgelegt werden, als das Symbol der emotionalen Gefangenschaft des Ritters in der Liebe zu einer hochrangigen Dame. Dieses Liebespfand befindet sich heutzutage in Santiago de Compostela. Was sagt uns diese Begebenheit nun heute?? Der Ritter hat das Nützliche mit dem Angenehmen verbunden und man kann nicht vorsichtig genug mit seinen Schwüren umgehen!!! Als wir diese Puente de Órbigo überschreiten, wird gerade eine bunte mittelalterliche Zeltstadt aufgebaut.

Wir halten uns nicht länger in diesem Ort auf, haben wir ja noch ziemlich viel Strecke vor uns. Deshalb wählen wir die Route an der stillgelegten N120 entlang. Asphalt zwar, aber Gerd und ich gehen streckenweise ganz allein. Bei San Justo de la Vega treffen die Streckenalternativen wieder zusammen. Von dem Steinkreuz Santo Toribio aus hat man einen weiten Blick auf Astorga und die schneebedeckten Montes de León. Ich kann mir gut die mittelalterlichen Pilger vorstellen, wenn sie von hier aus die hohe Stadtmauer und die Kathedrale erblickten, wie beeindruckt müssen diese Menschen gewesen sein, angesichts dieser Erhabenheit. Und nun wieder zurück zu uns, denn wir werden wieder unsere „Berggängigkeit" unter Beweis stellen müssen. Auch wenn wir zwischen Burgos und León gelegentlich über die Anhöhen gestöhnt hatten, das ist gar nichts im Vergleich zu dem, was uns bald erwartet. Es wird uns klar, dass es nicht mehr lange dauert und wir den Aufstieg auf 1532 Höhenmeter vor uns haben. Etwas graut mir schon davor.

Jetzt aber, Astorga, eine Stadt ganz nach meinem Geschmack. Es wird gerade die römische Vergangenheit ausgebuddelt. Einige Straßen sind noch aufgerissen und für die Passanten nicht zugänglich. Gelegentlich kann man schon die Grundmauern und Fundamente verschiedener Gebäude und Brunnen besichtigen. Ein Mosaikfußboden ist freigelegt und mit einer Glasplatte vor Witterungs- und Umwelteinflüssen geschützt

Die Stadt Astorga ist auch berühmt für ihre Schokoladenherstellung. Es ist zwar Pfingstsonntag, aber die Schokoladengeschäfte haben geöffnet und wir naschen von den Köstlichkeiten, ohne schlechtes Gewissen, soweit es unsere Mägen gestatten.

Wir haben uns daran gewöhnt, dass es am Camino relativ kleine Städtchen mit sehr bedeutenden Bauwerken gibt. Wie hier in Astorga, einer Stadt mit ca. 12.000 Einwohnern. Antonio Gaudí entwarf den Bischofspalast, der seine ganz typische Handschrift trägt. Dieser Palacio Episcopal wurde nie von einem Bischof genutzt und heutzutage befindet sich darin das Pilgermuseum. Gleich daneben, die Kathedrale „Santa María". Ein imposantes Bauwerk, das seine Bedeutung für den Jakobsweg hervorhebt. Von der Kathedrale aus hatte es eine Prozession gegeben, die wir nicht mitbekommen haben, weil wir nicht rechtzeitig vor Ort waren.

Die Albergue „Siervas de María" ist sehr gepflegt. Auf Nachfrage bekommen wir zusätzliche Wolldecken, denn die Nacht wird wieder sehr frisch werden. In dem Schuhregal in unserem Stockwerk entdecken wir Wanderschuhe in Kleinkindgrößen. Diese Schuhe gehören den beiden Kindern einer französischen Familie, die mit einem Esel unterwegs ist. Wenn die Kinder müde sind, können sie auf dem Esel reiten.

Wir haben diese Familie unterwegs auf dem Weg nach Astorga schon gesehen, es ist aber durchweg schwierig, Tiere bei den Herbergen unterzubringen. Die Bauern der Umgebung schreien auch nicht gerade Hurra, wenn jemand mit seinem Haustier eine Weide sucht, dafür haben sie viel zu viel Angst vor Seuchen und Krankheiten, die durch die fremden Tiere eingeschleppt werden können.

ASTORGA – FONCEBADÓN   12. MAI 2008

Für unsere schwierige Tour heute genau das richtige Wetter, sonnig, leicht bewölkt und ein wenig Wind. Ein kleines Desayuno in Astorga und auf geht's. Die Landschaft wird endlich wieder interessanter. Was mich aber nach wie vor stört ist die „Karawane der Pilger". Das wird sich ja wohl kaum abstellen lassen, haben wir doch alle dasselbe Ziel. Trotzdem fühle ich mich jetzt nach über einer Woche auf dem Camino so etwas wie „angekommen". Die erste Zeit über stellten wir doch sehr oft Vergleiche zwischen 2007 und heute an. Aber dies ist ein ganz neuer Abschnitt, den kann man nicht mit dem Vorjahr vergleichen, das würde der Sache auch nicht gerecht werden und schadet nur unserer Wahrnehmung.

Der Aufstieg ist zunächst sanft, durch Hügelland mit weiß und gelb blühendem Ginster, in der Landschaft Maragatería. Die Ortschaften zwischen Burgos und León waren teilweise schon sehr klein, aber diese Gegend ist außerordentlich dünn besiedelt. Die Anzahl der Einwohner ist meistens zweistellig, im mittleren Bereich. Hinter El Ganso wird es waldig, Laub- und Nadelwälder. Gerd und ich finden, dass insbesondere die Eichen keinen gesunden Eindruck machen, die scheinen mit irgendwelchen Baumparasiten Probleme zu haben. Die Baumrinde ist rissig und knotig. Wir sind keine Experten für Forstwirtschaft, aber gefallen will uns dieser Wald nicht.

In Rabanal del Camino wollen wir uns entscheiden, ob wir den Aufstieg bis nach Foncebadón heute schon machen, oder erst mal eine

Unterkunft suchen. In der Bar treffen wir auf Leonhard, der hier ein Quartier gefunden hat. Er erzählt uns von dem spanischen Pilger, bei dem er eine Thrombose diagnostizierte und er für dessen sofortigen Transport ins Krankenhaus sorgte. An solchen Ereignissen wird immer wieder deutlich, dass das durchaus kein Spaziergang hier am Camino ist. Wir fühlen uns fit und nach der ausgiebigen Tortillapause geht es los. Die Hänge sind übersät mit Ginster, Heidekraut und Lavendel und durch die wohlige Wärme und den Wind kriegt man immer mal wieder eine „Nase voll" der würzigen Düfte mit. Die Montes sehen aus der Entfernung sehr hoch und unnahbar aus. Jetzt entpuppen sie sich als „Scheinriesen". Je näher man kommt, desto weniger haben sie an Schrecken. Natürlich ist der Aufstieg anstrengend, aber längst nicht in dem Maße, wie wir es erwartet hatten. Unterwegs treffen wir immer wieder auf gemauerte Bassins. Vermutlich Viehtränken. Wir können aber weit und breit kein Viehzeug ausmachen.

Foncebadón am Monte Irago war in alten Zeiten mal ein bedeutender Ort, der unter königlichem Schutz stand, dann wurde durch die Landflucht im 20. Jahrhundert dieses Dorf zum Geisterdorf. Heute beträgt die Einwohnerzahl unter zehn Personen. Wir sind sehr fasziniert von dem morbiden Charme und an dem herabgestürzten Querbalken eines Hauses können wir die Jahreszahl 1841 ablesen. Dieser von den Bewohnern verlassene Ort hat wieder so eine eigenartige Ausstrahlung und ist gleichzeitig ein Hoffnungsträger, denn durch die wieder anspringende Pilgerbewegung zieht ganz offensichtlich neues Leben hier ein. So gibt es eine Bar und ein Gasthaus und die Kirche wird auch renoviert. Große Enttäuschung, alle Quartiere sind besetzt. Die Pilgerkarawane hat sich bis hier oben raufgeschoben, die nächste Herberge ist zehn Kilometer weit entfernt und ob dort Platz ist, ist gleichfalls ungewiss. Vom Hospitalero werden wir mit fünf weiteren Pilgern, unter ihnen auch Steffi, auf einem Matratzenlager in der Kirche untergebracht. Als er die Kirche aufschließt, schlägt uns eine eisig-feuchte Luft entgegen. In dieser Höhe ist es sowieso nicht sehr warm und mir stecken noch die eisige Nacht von Villar de Mazarife und mein Magen-Darmleiden in den Knochen. Wenigstens können wir uns jeder zwei Matratzen übereinander auf den Steinfußboden legen. Ein Herdfeuer bullert im Vorraum der Albergue und dort wärme ich mich gründlich und auf Vorrat auf, denn die Nacht wird eisig werden.

Wie tief die Pilgerbewegung im Bewusstsein der spanischen Bevölkerung verwurzelt ist, wird durch Steffis Geschichte deutlich. Eine alte Dame hat ihr einen Fünfeuroschein gegeben, mit der Bitte, diesen Geldschein dem Apostel zu spenden. Steffi hat sie nach ihrem Namen gefragt, ich glaube der Name war Katarina. Diesen Namen hat Steffi dann auf den Geldschein geschrieben und damit dieser Schein nicht verloren geht, ihn in ihr Tagebuch eingeheftet.

Bis zum Abendessen sitzen wir noch in größerer Runde vor der Bar und geben uns ganz ordentlich die Kante. Gerd holt die Dosenbiere gleich waschschüsselweise aus der Bar. Das Essen wird aus Platzgründen in zwei Schichten serviert, wir gehören zur zweiten und letzten Schicht für diesen Tag. Wir haben sehr viel Spaß, denn bis das Essen serviert wird, zieht es sich sehr lange hin. Als Serviette erhält jeder zwei Blatt Toilettenpapier, direkt von der Rolle.

Zum Schlafen ziehen wir uns alles an, was wärmt. Trotzdem frieren wir, denn die Nacht ist bitter kalt und die Feuchtigkeit kriecht auch unter unsere Anoraks.

FONCEBADÓN - MOLINASECA 13. MAI 2008

Es hatte die Nacht über geregnet, nee, geschüttet, aber als wir losmarschieren ist es wenigstens trocken. Die Pilger, die vor uns laufen, werden vom dichten Nebel verschluckt. Wir können uns trotzdem gut an den Wegmarkierungen orientieren. Gestern haben wir diesen Aufstieg im Sonnenschein in bunter, leuchtender und heiterer Atmosphäre erlebt. Die Landschaft hat sich ja nicht verändert, heute dagegen, bewirkt der dichte Nebel eine ganz eigenartige, düstere und fast mystische Stimmung, als unversehens das „Cruz de Ferro" vor uns aus dem Nebel auftaucht. Auf dem Monte Irago ragt aus einem großen Steinhaufen ein langer Eichenstamm auf, auf dem ein kleines Eisenkreuz befestigt ist. Dieser Ort hat eine sehr lange Tradition, die möglicherweise schon von den Kelten oder Römern ins Christentum übernommen wurde. Die Pilger bringen sich aus ihrer Heimat einen Stein mit, der bei dem Cruz de Ferro abgelegt wird. Dieser Stein versinnbildlicht auch das symbolische Ablegen einer Seelenlast und ist gleichzeitig die Bitte um Vergebung der Sünden. Es beten dort einige Pilger am Kreuz und an der kleinen Kapelle und wir sind froh, dass wir diesen geheimnisvollen Ort am frühen Morgen im dichten Nebel erleben dürfen, denn es sind nur wenige Pilger hier und die Auto- und Bustouristen fehlen zum Glück vollständig. Wir haben uns von zu Hause kleine Steine mitgebracht, die wir mit Bedacht ausgewählt hatten. Meine Familie stammt väterlicherseits von der Insel Rügen und dort, bei Mukran auf den Flintsteinfeldern sammelten wir diese Steine. Es handelt sich um Feuersteine, bei denen die Kreideeinschlüsse im Laufe einer sehr langen Zeit herausgewaschen wurden, so dass röhrenartige Löcher entstanden. Diese Steine nennt man an der Ostseeküste Hühnergötter, weil sie in Viehställen zur Abwehr von bösen Geistern aufgehängt wurden. Böser, böser Aberglaube! Auf dem Steinhaufen werden nicht nur mitgebrachte Steine abgelegt, einige Pilger legen auch andere Gegenstände, die von großer Bedeutung für sie persönlich sind, dort ab, was von der Verwaltung nicht gern gesehen wird. Wir fotografieren das Cruz de Ferro im Nebel. Von den atemberaubenden Ausblicken bekommen wir nichts mit, aber ich finde, wir haben einen ganz besonderen, tiefen Eindruck erhalten.

Das Gelände geht jetzt noch ein wenig auf und ab und sogar die Sonne kommt noch mal ganz kurz durch. Erst ist es uns zu warm und dann, nachdem sich die Sonne wieder verkrümelt hat, zu kalt. Der Abstieg nach Ponferrada beträgt 800 Höhenmeter. Er ist sehr steil und zu allem Überfluss setzt der Regen wieder ein und es wird glitschig auf den nackten Felsen. Ohne unsere Wanderstöcke hätten wir den Weg gar nicht gut bewältigen können. Gerd stellt fest: „Ein falscher Tritt und unsere Wanderung ist zu Ende."

In El Acebo machen wir eine Pause und beschließen, heute nicht weiter als bis nach Molinaseca zu gehen, zumal Gerd jetzt ein Durchfallproblem hat. Hier in El Acebo verunglückte ein deutscher Pilger mit seinem Fahrrad tödlich. Ein Denkmal weist auf die Gefahren des steilen und kurvigen Geländes hin. Uns wird der felsige Pfad zu mühsam, der Regen spült uns fast hinweg. Wir probieren, ob es sinnvoller ist, auf der Autostraße zu gehen. Das ist keine wirkliche Alternative und wir kehren auf unseren Stolperpfad zurück. In der Höhe von Riego de Ambros sehen wir immer wieder große weißblühende Wildrosen, die ganze Hänge bedecken und Kastanienhaine mit uralten Bäumen. Das sieht alles echt toll aus, wir müssen uns aber meistens auf den Abstieg und den Zustand des schlechten Weges konzentrieren. Im strömenden Regen kommen wir in Molinaseca an und wir haben sehr viel mehr Zeit für den Abstieg gebraucht, als im Wanderführer angegeben ist.

Nach dieser „Eisnacht" in der Kirche von Foncebadón haben wir nur noch das Bedürfnis nach einem warmen Bett und einer eigenen Dusche. Deshalb gehen wir gar nicht erst zur Herberge, sondern chekken gleich im Hostal an der alten Pilgerbrücke ein. Wie wir hinterher erfahren, war das genau die richtige Maßnahme, denn auch Molinaseca ist „dicht". Irgendwie haben wir es wohl auch geahnt, denn beim Abstieg aus den Bergen wurden wir von zahlreichen Pilgerscharen überholt. Wir haben uns trotzdem nicht abgehetzt, denn Sicherheit geht vor.

Beim Rundgang durch den Ort treffen wir auch Steffi wieder, die einige Zeit mit der Suche nach einer Unterkunft verbrachte. Steffi hat ein amerikanisches Paar im Schlepptau und wir beschließen, gemeinsam in der Bar einen Brandy zu nehmen. Es entsteht eine ganz merkwürdige Situation, als der 61-jährige Richard erzählt, dass er Offizier im Irak-Krieg war. Betretenes Schweigen auf deutscher Seite. Richard ist sichtlich stolz auf seinen Einsatz und hält ihn nach wie vor für notwendig und ist nun seinerseits irritiert, über unser Schweigen. Er sagt, er habe niemanden erschossen. Gerd sagt ihm: „du vielleicht nicht, aber deine Kameraden". Das bestätigt er dann. Er zeigt uns noch seine

Kette mit den Erkennungsmarken, „seine Identität, die ihm keiner nehmen könne", wie er uns sagt. Wir sind etwas peinlich berührt und froh, als das ganze Gebamsel wieder unter seinem Hemd verschwindet.

Am Abend holen wir uns dann in der Albergue noch den Stempel für unseren Pilgerausweis, denn im Hostal will man uns den nicht abstempeln.

MOLINASECA 14. MAI 2008

Für heute sind wir eigentlich mit Steffi in Cacabelos verabredet, aber Gerd hat sich vom Durchfall noch nicht erholt und so ist er sehr schlapp. Es hat keinen Sinn, heute noch irgendwie weiter gehen zu wollen. Das Hostal ist ausgebucht, hier können wir nicht noch eine weitere Nacht bleiben, die Wirtin sorgt aber dafür, dass wir ein anderes Quartier zum gleichen Preis in einem Hotel bekommen. Gerd schläft und ich sitze vor dem Fernsehgerät und warte auf bessere Zeiten.

MOLINASECA – CACABELOS 15. MAI 2008

Große Aufregung, als Gerd mit seiner Visa Card das Hotel bezahlen will. Er hat seine Kreditkarte verdödelt! Wir klappern alle Standorte, wo die Karte hätte verloren gegangen sein können noch mal ab, aber nichts. Außer der Tatsache, dass diese Geschichte ziemlich viel Zeit gekostet hat und wir erst gegen 9.30 Uhr losgehen können, nachdem wir Antje und Daniel in Hamburg gebeten haben, Gerds Karte sperren zu lassen. Als wir beim Refugio vorbei kommen, fragen wir auch dort vorsichtshalber noch mal nach; der Hospitalero sagt uns, dass er solche Dinge immer nach Santiago schickt, sollte sich etwas anfinden. Und außerdem, so sagt er uns, sind die Sachen erfahrungsgemäß nicht wirklich weg, sondern nur woanders. Das gibt doch zu denken!! Wann hat

Gerd seine Karte zuletzt benutzt, was hatte er an?? Als er das Hostal bezahlte, hatte er seine Ersatzhose an, denn die Wanderhose hing klatschnass auf der Leine. Und er hat natürlich nicht, wie er meinte, sorgfältig seine Kreditkarte in den Brustbeutel zurückgesteckt, sondern wir fanden die, jetzt gesperrte, Visa Card lose in der Tasche seiner Ersatzhose. Aber macht ja nichts, wir können uns das Geld ja noch mit der EC-Karte abheben!

Durch die lang gezogenen Straßendörfer marschieren wir meistens im Regen. In Ponferrada gibt es eine Templerburg, die ich gern besichtigt hätte, aber wir haben viel Zeit mit dem Kreditkartengewusel verloren. Als wir durch das bergige, bewaldete und weinbewachsene Gelände gehen, erhalten wir schon mal einen Eindruck von den Bergen, die uns ab morgen so erwarten. Den „Camino duro" jedenfalls, den „harten Weg" über einen ausgesprochen steilen Berg, den wollen wir auf der Straße umgehen. Heute laufen wir antizyklisch, das führt dazu, dass wir fast alleine unterwegs sind. Am Ende unserer Tagesetappe haben wir sogar noch ein wenig Sonne, natürlich nicht zu viel, denn getröpfelt hat es immer mal zwischendurch.

Die Herberge ist rund um die Kirche an der Außenmauer des Kirchhofes entlang gebaut. Ein Holzbau mit Zweibettkammern. Das ist eine interessante Variante und fügt sich nahtlos in die Umgebung ein. In Cacabelos muss es irgendein religiöses Fest gegeben haben, denn auf den Straßen liegen sehr viele Blüten und Zweige. Gerd und ich setzen uns in der Kirche zu einer Chorprobe und hören einige Zeit zu.

Seinen Infekt scheint Gerd noch nicht ganz ausgestanden zu haben, denn er schwitzt immer noch stark. Die Nacht ist wieder sehr kalt und im Nebenraum gibt es noch weitere Schnarcher, das ist vielleicht ein schönes Konzert! Madre mía!!

CACABELOS - VEGA DE VALCARCE 16. MAI 2008

Hungrig laufen wir los. In dem kleinen Flecken Pieros bietet ein pfiffiger Einwohner Café con Leche und Bocadillos an. Auf diese Bocadillos kann ich beim besten Willen nicht mehr. Nächste Pause in Villafrance del Bierzo, wieder nichts gegessen.

In Villafranca del Bierzo konnten die kranken Pilger in alten Zeiten bereits ihren Ablass bei der Puerta del Perdón erhalten und somit gilt dieser Ort als das kleine Santiago. Ein sehr mittelalterlich geprägter Ort mit großen Höhenunterschieden bereits in der Stadt. Ich spreche immer von Stadt, denn anhand einer Einwohnerzahl von 3.505 kann davon keine Rede sein, allerdings wird durch die imposanten Gebäude und Kirchen im Ortskern, die frühere Bedeutung als Verwaltungssitz des Bierzo sehr deutlich. Wir nehmen uns vor, sollten wir versehentlich doch den Camino Duro, harter Weg, weil die Streckenführung über einen unwegsamen Berg geht, angesteuert haben, so werden wir dort nicht umkehren. Dieses Mal bekommen wir aber den richtigen Abzweig zu fassen. Der ursprüngliche Pilgerpfad ist eine Straße, die durch das enge Tal führt und hoch über uns braust der Autobahnverkehr auf einer gigantischen Talbrücke. Noch vor ein paar Jahren war es sehr gefährlich, diese Straße zu gehen, denn nur eine Betonbarriere schützte die Fußgänger vor dem starken Lkw-Verkehr, den es dort vor dem Autobahnbau auf dieser Straße gab. Wir wandern jetzt stundenlang fast völlig alleine an der Straße hinter der Betonmauer entlang. Die anderen Pilger scheinen das Fitnessprogramm auf dem Camino duro zu bevorzugen.

In Trabadelo, dort, wo beide Wegvarianten wieder zusammen geführt werden, genehmigen wir uns ein sehr kräftiges Mittagessen in einer Fernfahrerkneipe. Spiegeleier, Speck, Schinken und Pommes. Danach marschiert es sich nicht mehr so rund, weil wir so voll gefressen sind, aber das war unsere erste Mahlzeit heute.

Vega de Valcarce ist ein endlos langes Dorf, geprägt von den beiden gigantisch hohen Talbrücken für den Durchgangsverkehr. Das musste früher alles durch dieses Tal und es muss höllisch laut gewesen sein. Also höllisch laut ist es immer noch, von hoch oben wird das gesamte Tal beschallt. Die Herberge ist ausgesprochen einfach und es ist Platz für alle da. Die Nähe Galiciens macht sich bemerkbar, denn viele Pilger beginnen ihren Weg beispielsweise in Astorga. In unserer Herberge können wir von dem Aushilfshospitalero keinen Stempel bekommen, irgendwie kapiert der Bursche aber auch gar nichts. Auf dem Weg durch das Dorf kommen wir an einer verführerisch duftenden Panadería, einem Bäckerladen, vorbei. Dieser herrliche Duft geht uns nicht aus der Nase und deshalb müssen wir hier köstlichen Apfelkuchen und Tee probieren. Unser Problem mit dem Stempel löst der Bäcker ganz pragmatisch, wir erhalten von ihm den Stempel seiner Bäckerei in Brotform.

In der Bar bei der Herberge wird galicische Musik gespielt. In der Provinz Bierzo ist man verwaltungstechnisch zwar Castilla y León, gefühlsmäßig aber Galicien zugehörig. Wir sehen verschiedene Male Graffitis, auf denen steht: „Bierzo gallego"; was so in etwa Bierzo zu Galicien heißt. Am Abend bestellen wir uns in dieser Bar Sopa solamente, d. h. wir bestellen uns ausschließlich Suppe, denn wir frieren und wir wollen uns von innen aufwärmen. Es ist in Spanien nicht üblich, sich aus dem Menü nur einen Teil zu bestellen, ein bisschen verständnislos guckt die Kellnerin schon, aber am Jakobsweg ist man einiges gewöhnt. Wir haben die Suppen sehr schätzen gelernt und auch diese galicische Kohlsuppe, die uns serviert wird, ist ausgesprochen gut.

Gerd fühlt sich immer noch angegriffen und muss wieder das Durchfallmedikament einnehmen. Dieses Leiden ist bei uns beiden ziemlich hartnäckig ausgeprägt.

Wir stellen fest, dass wir in unserem Wanderführer immer weiter nach hinten blättern und dass es letztendlich noch 170 Kilometer bis zu unserem Ziel sind. Unser Durchhaltewille ist trotzdem gefragt, denn die gesundheitlichen Probleme und das ständige Regenwetter belasten.

VEGA DE VALCARCE – O CEBREIRO 17. MAI 2008

In dieser Gegend werden in den Gebirgsbächen Forellen gezüchtet. Es sind auch ideale Bedingungen dafür, weil, soweit mir bekannt ist, brauchen Forellen sauerstoffreiches Wasser und das ist hier gegeben, denn die Bäche rauschen nur so über die Felsen. Außerdem sind die Fließgeschwindigkeiten des Wassers für uns der Indikator dafür, wie steil es noch werden wird. In dieser Beziehung haben wir schlechte Karten. Es wird sehr steil und unwegsam! Bei Nieselregen geht es durch den Wald über einen holperigen Pfad. Gerd schreibt: „sehr schwer zu gehen". In La Faba müssen wir uns in der Bar umziehen, denn unsere Sachen sind nass, vom Regen und vom Schweiß. Die Heizkörper in dieser Bar hängen voll mit den nassen Sachen, die die Pilger hier zum Trocknen aufgehängt haben.

Hinter La Faba geht es aus dem Wald heraus, der Aufstieg bleibt anstrengend, steinig, steil und matschig, aber die Ausblicke werden besser. Immerhin, wir sind jetzt in Galicien angelangt, der letzten autonomen Region auf unserem Weg und zu unserem Ziel. Bei dem Grenzstein mit dem galicischen Wappen machen wir schnell noch ein paar Fotos, denn es regnet gerade nicht. Und Galicien zeigt uns die eiskalte Schulter, je höher wir kommen, desto kälter wird es. Als wir in O Cebreiro eintreffen, regnet es mal wieder ganz ordentlich. O Cebreiro ist ein Museumsdorf, ob wir uns da wohl wohlfühlen? Na und ob! Wir beschließen, hier die Nacht zu verbringen, obwohl es erst 12.00 Uhr mittags ist und wir noch eine Stunde vor der Herberge in der nassen Kälte warten müssen, bis geöffnet wird.

Gerd schreibt: „Reingard sagt, das haut uns den ganzen Schnitt kaputt!" Wenn wir nämlich nach nur 11,6 Kilometern schon unsere Tagesetappe beenden. An diesem Dorf kann man nicht einfach nur vorbeimarschieren, finden wir. Dieser Ort ist natürlich auch hochtouristisch. Die Parkplätze stehen voller Busse und Autos und die Leute überschwemmen den Ort und die Souvenirläden. Selbst wir Pilger werden als Teil der Inszenierung wahrgenommen. Und so richtig heimisch fühlen wir uns erst, als am Nachmittag der Touristenspuk vorbei ist. Bis dahin erleben wir viele Wetterkapriolen, vom Sonnenschein mit grandioser Aussicht bis zu heftigen Hagelschauern, wechselnd im Viertelstundentakt und bis zu den Frosttemperaturen fehlt nicht mehr viel. Die dicken dunklen Wolken hängen sehr tief und der Blick ins Tal, wo gerade die Sonne scheint, wird frei, das ist einfach ein tolles Erlebnis. Ein geheimnisvoller, mystischer Ort in 1.330 Metern Höhe und der keltische Ursprung wird durch die Pallozas unterstrichen. Die Pallozas sind niedrige Steinhäuser in elliptischer Form und mit einem tief herunter gezogenen Strohdach gedeckt. In diesen Häusern lebten sowohl die Haustiere als auch die Familienclans unter einem Dach. Sehr viel Platz für den Einzelnen dürfte nicht darin gewesen sein. Wir sind sehr angetan von dieser Atmosphäre und dieser Ort kommt meinem Faible für Museen sehr entgegen. In der Bar wird die traditionelle galicische Musik gespielt, es hört sich an wie in Irland. Wir wärmen uns auf mit Tee und Rum und fühlen uns rundum wohlig.

Die Kirche Santa María la Real ist die älteste am Jakobsweg. Sie wurde im 9. Jahrhundert erbaut. In dieser Kirche soll im Jahr 1300 ein päpstlich anerkanntes Hostien-Wunder geschehen sein. Mir persönlich erschließt sich die Geschichte nicht so recht, aber ich bin ja auch nicht katholisch. In einer kalten, stürmischen Winternacht (Weihnachten?) hat sich ein frommer Bauer auf den langen Weg zur Messe gemacht. Der Mönch, der die Messe zelebrierte, machte sich über den Einfaltspinsel lustig, der für ein Stück Brot und ein wenig Wein diese Strapazen auf sich nahm. Hostie und Wein verwandelten sich daraufhin, während des Abendmahls, in echtes Fleisch und Blut. Rund 180 Jahre später stifteten die katholischen Könige Bergkristallfläschchen für Fleisch und Blut. Diese Gegenstände sind in der Kapelle zu sehen. Die Hostie und der Gral, beides ist Teil des galicischen Wappens geworden.

Als wir uns in dieser Kirche aufhalten, hören wir gregorianische Gesänge, zwar vom Band, aber das erzeugt eine ganz besondere Stimmung. Wir lassen die Ruhe in der Kirche auf uns wirken und wärmen uns an den vielen Kerzen, die dort brennen, in der Kapelle mit dem Hostienwunder. In der Taufkapelle befindet sich ein sehr großes steinernes Taufbecken, ein Untertauchbecken aus dem 9. Jahrhundert.

Auf dem breiten Rand des Taufbeckens sind Bibeln in verschiedenen Sprachen aufgeschlagen ausgelegt. Ein paar Stühle stehen auch noch da, es ist eine Einladung zum Lesen und wir nehmen sie an. Es ist das Johannes-Evangelium aufgeschlagen, „Das Gespräch am Jakobsbrunnen".

Draußen vor der Kirche steht ein, sagen wir mal, relativ modernes Denkmal. Es ist ein Priester mit Brille dargestellt. Bisher wussten wir noch nichts davon, aber der Pfarrer dieser Gemeinde, Don Elías Valiña Sampredo ist der „Vater der gelben Pfeile". Er hatte es sich zur Lebensaufgabe gemacht, den Jakobsweg wieder in das Bewusstsein der Menschen zu rücken und er soll 1984 eigenhändig die ersten gelben Pfeile gemalt haben, die den Pilgern den Weg durch Orte, Dörfer, Städte und entlang der Landstraßen weisen. Und auch wir sind diesen gelben Pfeilen gefolgt. An manchen Stellen des Caminos sind die Ausschilderungen nicht eindeutig gekennzeichnet. Das führt zu Verwirrung bei den Wanderern. Pilger, die dieses Chaos bemerkten und den richtigen Weg fanden, haben diese Stellen mit kleinen Pfeilen aus Stöckchen und Steinchen markiert, um den nachfolgenden Pilgern den richtigen Weg zu weisen, oder an den Wegabzweigen kleine Pyramiden aus Steinen aufgeschichtet.

Die Herberge von O Cebreiro ist sehr beliebt bei den Pilgern und deshalb auch entsprechend groß und sehr voll. Ein Schlafsaal nach dem anderen wird zusätzlich geöffnet, damit die Pilger, die noch etwas später eintreffen, Platz haben werden. Wir können unsere Wäsche in der Maschine waschen und trocknen. Weil wir durch die Anstrengung des Aufstieges sehr in Schweiß gekommen sind und die Klamotten stinken, ist das eine echt gute Maßnahme. Schön, groß, sauber und warm, wie Gerd schreibt, ist unsere Herberge. Wir erhalten sogar so etwas wie Einmalbettwäsche. Einen Vliesschlauch für das Kopfkissen und Vliesbettlaken. In Galicien werden wir meistens solche Einmalwäsche bekommen, vorher kannten wir das nicht. Diese Herberge hat auch eine sehr schöne große Küche, die auch sehr gut eingerichtet ist, leider fehlt es an der Gerätschaft zum Kochen und Essen, denn wir hätten uns schon gern selbst etwas gekocht, zumal es in O Cebreiro einen

Laden für Lebensmittel gibt. In der Herbergsküche treffen wir wieder auf unseren Regisseur Chris. Er hat sich in der Zwischenzeit weiblich verbandelt. Chris hat ein Kochgeschirr für Wanderer dabei und ist somit unabhängig von Küchenausstattungen. Wir hatten auf solche Ausrüstung verzichtet, weil es zusätzliches Gewicht bedeutet, dass man schleppen muss. Unsere Weinbuddeln kriegen wir aber immer auf, das Schweizer Messer ist immer dabei und den Jogurt schlecken wir mit Hilfe des Weißbrotes aus dem Becher. Geht doch!!!

O CEBREIRO - TRIACASTELA 18. MAI 2008

Gerds Eintrag ins Tagebuch: „in O Cebreiro gleich mit Regenhosen gestartet, wenn wir Handschuhe dabei hätten, wäre es auch nicht verkehrt gewesen, denn es ist schneidend kalt."

Gestern haben wir erst den ersten der drei Gebirgspässe erreicht, das bedeutet, heute wird's wieder anstrengend. Regen, Nebel und Kälte, da kann man sich nur warm arbeiten. Vielleicht hätten wir die Pilgerfigur, die auf dem Alto San Roque steht, doch fotografieren sollen. Es ist aber alles nur nass und keiner von uns beiden will Fotos machen und die Kamera mit klammen Fingern aus dem Rucksack puhlen. Ich finde es lustig, dass die Pilgerdarstellungen immer abgehärmte, armselige und von Strapazen gezeichnete Männer sind. So auch diese, der arme Bursche wird vom Wind mächtig durchgepustet und hält seinen Pilgerhut fest.

Vor dem dritten Pass müssen wir noch kurz in einer kleinen Kapelle, am Fuße der extremen Steilstrecke, Schutz vor dem Starkregen und dem Gewitter suchen. Auf dem Alto do Poio legen wir eine längere Pause zum Durchtrocknen ein. Unsere Sachen an die Heizung gehängt und uns selbst mit „huevos fritadas con jamón" Spiegeleier mit Schinken verwöhnt. Gerd schreibt jetzt weiter: „großartige Erfindung gemacht, die Arme nicht aus den Regenüberzieherlöchern stecken, sondern einfach mit drunter im Cape lassen". Unsere Regenjacken haben leider kläglich versagt, wenn wir längere Zeit im Regen laufen mussten. Besonders an den Ärmeln wurden wir bis auf die Haut nass. Mit der blauen „Plastiktüte", unserem Regenüberzug, sehen wir aus wie die kleinen Hutzelzwerge. Damit uns der Wind die Kapuze nicht runterwehen kann, befestigen wir sie mit Wäscheklammern an den Schirmen unserer Kopfbedeckungen. Richtig süß sehen wir aus.

Ich bin froh, dass ich in diesem Jahr eine Kappe mit Nackensonnenschutz mitgenommen habe, denn was vor Sonne schützt, schützt auch vor Kälte, wie jetzt. Allerdings sieht dieses Outfit einfach nur bescheuert aus. Gerd hat irgendwo gelesen, dass man einen wunderschönen Blick in das „grüne Herz Galiciens" hat. Er fragt sich nur, wo ist es, dieses grüne Herz? Wir marschieren im dichten Nebel und sehen zunächst mal nicht sehr viel oder besser gesagt nicht sehr weit. Dass Galicien ein sehr grünes Land ist, glauben wir auf der Stelle, das Element, welches unter anderem dafür verantwortlich ist, kriegen wir laufend zu spüren, es regnet mal wieder oder immer noch. Nass und schlammig geht es 600 bis 700 Meter bergab, wir kommen durch teilweise sehr ungepflegte und heruntergekommene Dörfer, bis wir in Triacastela ankommen. Triacastela reißt uns auch nicht vom Hocker, die Albergue „Berce do Camiño" aber, ist sehr gemütlich und urig. Der Hospitalero trägt mir sogar meinen Rucksack in den ersten Stock, als wir tropfnass eintreffen. Es gibt Waschmaschine und Trockner und so stehen die warmen Sachen gleich wieder zur Verfügung.

Jetzt kommt eine haarsträubende Geschichte, denn Gerd verdaddelt die EC-Karte. Der Automat gibt sie einfach nicht mehr frei, weil er da wie blöde auf der Tastatur drauf rum hämmert. Die Spracheneinstellung des Terminals ist auf Galicisch eingestellt und da weiß Gerd natürlich nicht, was er jetzt tun muss, stattdessen hämmert er da irgendwelche Anwendungen ein. Kein Wunder, das das zu diesem Ergebnis führt. Blödmann!! Habe ich doch tatsächlich „Blödmann" in unser Tagebuch geschrieben. Ich brech' zusammen, Gerd verdächtigt jetzt jeden, den Automaten manipuliert zu haben und macht Fotos vom Geldautomaten und von dem Auto eines „verdächtigen Paares". Der Typ raubt mir den letzten Nerv!!! Viel schlimmer noch ist, dass wir nur einen sehr kleinen

Betrag zur Verfügung haben, mit dem wir die Ausgaben des heutigen Abends bestreiten müssen. Auch hier zeigt sich Spanien wieder von seiner zuvorkommenden Seite. Der Wirt eines Restaurants bekommt unsere Probleme mit und sagt uns, dass wir in seinem Restaurant gerne zu Abend essen können und dann die Rechnung am nächsten Tag bezahlen, wenn die EC-Kartenfrage geklärt sei. Wir haben Glück, denn heute Abend kommen wir mit unserer Minibarschaft aus. Wegen Gerds EC-Karte haben wir keine andere Wahl, wir müssen bis zum nächsten Morgen, einem Montag!! warten und hoffen, dass die EC-Karte (spanisch tarjeta) auch herausgegeben wird. Wir haben nämlich von Fällen gehört, in denen die Kreditkarte dann nach Deutschland zurückgeschickt wurde. Und was für ein Glück, dass wir heute Sonntagabend haben und nicht Freitag, in so einer Situation wäre es für uns ganz schön eng geworden. Zuhause hatte Gerd mich schon genervt, weil wir beide jeweils unsere Kreditkarte und unsere EC-Karte eingesteckt haben. Was das denn nun solle und wofür das denn gut sei?? Eine verdödelte und gesperrte Kreditkarte und eine verdaddelte EC-Karte sprechen für sich, ich denke, jetzt weißt du es!!!

Im Mittelalter war es üblich, dass die Pilger jeweils einen Steinbrocken aus den Kalksteinbrüchen von Triacastela bis nach Castañeda, ein paar Tagesreisen weiter, mitgenommen hatten. Dieser Kalk wurde für den Bau der Kathedrale in Santiago gebraucht und in Castañeda gebrannt. Wir stellen fest, dass unsere Altvorderen doch ganz schön praktisch veranlagt waren und die Leute, die diesen Weg ohnehin gingen und vielleicht die eine oder andere Sünde abzubitten hatten, gleich für den Transport mit einspannten.

TRIACASTELA - SARRIA 19. MAI 2008

Wir tragen auch heute wieder unsere Regenhosen. Gerd muss noch mal eben zur Bank und nachdem wir finanziell wieder flüssig sind, schlagen wir den Weg nach Sarria ein. Es gibt wieder zwei Streckenalternativen und wir entscheiden uns für die originale, kurze Route. Der Weg über Samos soll zwar ganz nett sein, ist aber sehr viel länger. Wir schnakken noch so über die Ereignisse der letzten Stunden, als ich Gerd gegenüber meine Zweifel an der Richtigkeit unseres Weges äußere. Wir marschieren an einer langen kunstvoll gemauerten Ziegelmauer entlang. Kein Bauer fasst seine Ländereien mit so einer aufwändigen Mauer ein, aber ein Kloster könnte sich so von der Außenwelt abschotten. Aber den Gerd kann ich selbst angesichts des Klosters Samos nicht davon überzeugen, dass wir die lange Variante gegangen sind. Erst nachdem ich ihm das Foto des Klosters aus dem Wanderführer unter die Nase halte, glaubt er es. Wo wir schon mal hier sind, können wir gleich eine Pause einlegen und uns in Samos umsehen. Dieses Benediktinerkloster, gegründet im 5./6. Jahrhundert, gilt als eines der ältesten Klöster. Es wird gerade renoviert und einige Gebäudeteile sind mit weißen Planen verhängt. Es ist Mittagszeit und da finden sowieso keine Führungen statt, also machen wir Pause in der Bar gegenüber.

Die Regenhosen müssen wir jetzt dringend ausziehen, denn die Sonne scheint und die Regenwolken sind verschwunden. Wir dampfen geradezu in unseren Sachen. Unsere Kamera haben wir leider nicht schnell genug parat, als wir eine Ziege beobachten, die das leckere Grünzeug ganz oben an einem Bildstock knabbern möchte und sich zu diesem Zweck unendlich lang daran hochstrecken muss. So viel Aufwand für einen so kleinen Genuss.

Wir steuern heute schon zum zweiten Mal den falschen Kurs. Wir setzen noch einen drauf, denn der Weg an der Straße entlang wäre jetzt die kürzeste Verbindung nach Sarria gewesen. Wir lassen uns in die Irre leiten und folgen den gelben Pfeilen durch die matschige Pampe in der ausgesprochen einsamen Pampa. Nur Bäume, Sträucher und keine Ortschaften, nicht einmal einzelne Gehöfte, um dann an dem Weg anzukommen, den wir ganz zum Anfang hätten nehmen wollen. Insgesamt 30 Kilometer könnten es schon geworden sein. Einen kleinen Trost finden wir, diese falsche Route sind etliche Pilger, mit denen wir uns unterhalten auch gegangen, also keine eigene Blind- oder Blödheit. Ins Tagebuch habe ich geschrieben: „Sarria lohnt sich unbedingt. In der Altstadt, in der Rua Major 57, finden wir eine private Herberge, die sehr schön ist, von der Dachterrasse aus hat man einen wundervollen Blick auf die Stadt." Als wir unser Ankunftscerveza im Straßencafé trinken, kommt gerade Chris mit seiner Freundin Isi an und wir machen uns zusammen einen schönen Abend.

SARRIA – PORTOMARÍN 20. MAI 2008

Mein Eintrag: „Nach langer Zeit wieder mal richtig gut geschlafen und auch nicht gefroren." Sarria ist in einen hellen, freundlichen Nebel getaucht, als wir die Stadt verlassen. Die Landschaft ist auch sehr schön, aber es gibt wieder viele, viele Höhenunterschiede zu überwinden. Auch hier befindet sich eine riesige Talbrücke im Bau. Ich hätte gerne fotografiert, wie sich die halbfertige Brücke, so aus dem Nichts kommend, dann abrupt endet und dann nur noch in Pfeilern weitergehend im Frühnebel verliert. Das ist aber mit unserer Kamera nicht zu machen.

Mit der Kraft der Sonne kommt die Wärme und wir marschieren nicht mehr so flott. Mitten im Wald machen wir eine sehr hübsche Rast und strecken uns auf den von der Sonne durchwärmten Felsplatten zu einem kleinen Schläfchen aus. Wir erkunden unseren Lagerplatz und sehen dort Reptilien, Salamander, Geckos oder Leguane, keine Ahnung! Leider mal wieder! Uns fällt auf, dass wir nur jenseits der Montes de León Störche gesehen haben. Vielleicht ist das Gebirgsmassiv, welches wir gerade überschritten haben, die Erklärung dafür, oder die Flugroute der Störche ist einfach daran schuld. Hier ist eine liebliche hügelige und bewaldete Landschaft und im Hintergrund können wir noch die hohen Gebirgszüge der Kantabrischen Berge sehen.

Von Landwirtschaft verstehen wir zwar nicht sehr viel, aber ob eine Kuhherde gut aussieht oder nicht, können wir sehr wohl beurteilen. Unser Marsch wird von einer Kuhherde unterbrochen, die die Weide wechselt und diese Kühe sehen sehr gepflegt aus. Die alten Tiere gehen sehr diszipliniert von der abgefressenen Weide zu dem verführerischen hohen Gras auf der anderen Seite der Straße. Nur die Kälber büxen aus. Das genaue Gegenteil wenige Kilometer weiter, ungepflegtes, zotteliges und schmutziges Vieh auf einer sumpfigen Weide, das man sich fragt, wie kann das angehen. Leider haben wir auf unserem Weg öfter heruntergekommene Bauernhöfe gesehen. Gibt es nicht genügend Subventionen von der EU?

Einsam ist man jetzt beim besten Willen nicht mehr. Wir befinden uns im 100-Kilometer-Umkreis um Santiago de Compostela herum. Nach den Pilgerregeln müssen Wanderer mindestens diese Distanz zu Fuß zurücklegen, um den Compostela, die Pilgerurkunde zu erhalten. Viele Pilger beginnen deshalb in Ponferrada oder in Sarria ihren Weg, das macht sich besonders bei den Herbergen bemerkbar, denn die sind durchweg sehr gut belegt. Mitunter findet ein regelrechter „Run" auf die Betten statt. Seit wir uns in Galicien befinden, ist der Weg mit Kilometersteinen gekennzeichnet, die die Restkilometer bis nach Santiago angeben. Der Hundert-Kilometer-Stein befindet sich hier. Eine dicke Traube Pilger staut sich hier, weil jeder sich bei dem Stein fotografieren lassen will. Der Kilometerstein ist mit Graffiti total beschmiert, keine Augenweide und deshalb drängeln wir uns an den Leuten vorbei, ohne Foto.

Wir müssen einem kleinen Bachlauf aufwärts auf Trittsteinen folgen, die ins Bachbett gelegt wurden. Wegen der Strömung sind dort einige Steine bereits nicht mehr in der ursprünglichen Position. Da müssen wir manchmal ganz schön große Schritte machen, damit die Füße trocken bleiben. Wir stellen uns vor, wie man hier wohl laufen würde, wenn es so doll regnet, wie wir es auch schon erlebt hatten.

Gelegentlich fallen auch Spanier unangenehm auf. Es ist ein ganzer Trupp und die Gruppe unterhält sich pausenlos in voller Lautstärke. Es ist kaum auszuhalten und wir überlegen, wie wir diese Geräuschquelle am besten loswerden können. Daher entschließen wir uns, sie turbomäßig zu überholen. Wir legen uns ordentlich ins Zeug und lassen den Trupp endlich hinter uns. Unser Tempo verlangsamen wir erst, als wir von denen nichts mehr hören können. Das ist nicht gerade kräfteschonend aber notwendig.

Portomarín ist sehr hübsch an einem Stausee gelegen und wir müssen über eine sehr lange Brücke gehen, um in den Ort zu gelangen. Wir gehen direkt auf ein Bauwerk zu, das etwas unmotiviert in der Gegend herumsteht. Es ist ein historischer Brückenbogen, der aus dem ursprünglichen Portomarín stammt, denn dieser Ort wurde für die Talsperre geopfert, sprich geflutet, lediglich die beiden Kirchen wurden in den 1960er Jahren abgetragen und in dem neuen Dorf am Ufer wieder aufgebaut. Ein grausiges Beispiel dafür, wie historische Bausubstanz für Profanbauten geopfert wird, da reißt auch die Umsetzung einzelner Gebäude nichts raus.

Als wir nach dem Duschen bei unserem Ankunftscerveza sitzen, stellen wir mit einigem Erstaunen fest, dass es bis nach Santiago nur noch etwa vier Tagesetappen sind. Zwar sind wir zielstrebig diesen Weg gegangen, dass wir so nahe dran sind, das überrascht uns trotzdem!

PORTOMARÍN – PALAS DE REI   21. MAI 2008

Fehlstart, gleich am frühen Morgen. Bei dem Stauseeabzweig haben wir uns kurz mal verlaufen, die italienische Gruppe, die uns folgt, glaubt nicht, dass der Weg falsch sein soll und geht weiter. Wir sind überzeugt davon, dass das nicht die richtige Richtung ist und kehren um und machen uns an den Aufstieg, wie im Wanderführer beschrieben. Hinter der Ziegelfabrik müssen wir wieder unsere Regenpellen rausholen. Es regnet ausgiebig und das Wasser läuft uns nur so von den Bergen entgegen. Die Imprägnierung unserer Schuhe hat auch schon gelitten, ganz vollständig trocken bleiben die Füße nicht. Wir passieren die Geflügelfarm, von der im Wanderführer gesagt wird, dass es je nach Windrichtung zu einer erheblichen Geruchsbelästigung kommen kann.

Der Spaniertrupp ist schon wieder in Hörweite. Wir können doch nicht jedes Mal die Flucht antreten. Für heute entschließen wir uns, den Spaniern den Vortritt zu lassen und legen eine längere Pause ein, damit die lautstarken und gesprächigen Herrschaften einen ordentlichen Vorsprung bekommen und wir unsere Ruhe.

In einer strukturschwachen Gegend wie dieser, fällt es schon auf, wenn dort die Taxis unterwegs sind. Wir haben diese Taxen die „Pilgertaxis" genannt, denn wohl im Wesentlichen deutsche Pilger haben sie gern benutzt. Durch das Hape-Kerkeling-Buch hat sich so mancher Zeitgenosse aufgerufen gefühlt, es dem Komödianten gleichzutun, soweit ich weiß, ist der nur gelegentlich Bus und Bahn gefahren. So brummt das Gewerbe mit der Personenbeförderung. Wir hoffen sehr, dass, wenn in ein paar Jahren kein Mensch mehr von diesem Buch spricht, wieder normale Verhältnisse einkehren.

In Areixe, gallego: Eireixe, ausgiebig Mittag gegessen. Die galicischer Sprache hat sehr oft Bezeichnungen, Namen und Orte mit dem Buchstaben „x", an diese Zungenbrecher muss man sich gewöhnen. Bei bedecktem Himmel, aber trocken wandern wir bis nach Palas de Rei. Am Ortsanfang befinden sich sehr große Sportanlagen und Unterkünfte für die Sportler und Gäste, die auch von den Pilgern genutzt werden können. Diese Tatsache scheint nicht sonderlich bekannt zu sein, denn mehr als 10 Pilger finden sich letztendlich nicht in dieser Herberge ein. Zugegebenermaßen ist es noch ein ziemliches Stück zum Ort zu laufen und es regnet wieder. Diese Sportanlage und die Gebäude mit den Unterkünften sind sehr neu und unser Wanderführer erwähnt sie noch nicht.

Chris und seine Freundin Isi sind eingetroffen und die rothaarige Italienerin, die mich dauernd zutextet, ist auch wieder da. Chris kocht sein Abendessen in seinem Kochgeschirr und wir müssen in den Ort gehen, denn es gibt wieder keine Küchenutensilien in der Superküche. „Es ist wirklich nicht nachvollziehbar und das verstehe, wer will", das ist der O-Ton Gerd.

In Palas de Rei essen wir gemütlich beim Italiener zu Abend, an unserem Tisch nimmt ein Fahrradpilger aus dem Münsterland Platz.

Der Mann ist von den Strapazen der gefahrenen 2.300 Kilometer ganz hager und abgehärmt. Er hatte einen Speichenbruch und keine Ersatzspeichen dabei. Trotzdem hofft er, dass er am nächsten Abend Santiago erreichen wird. Gerd, als Zweiradspezialist, gibt ihm noch Tipps, wie er die Speichenverteilung an seinem Fahrrad am besten vornimmt, damit er auch ankommt. Die Fahrradpilger sind nach der Meinung des Münsteraners Pilger zweiter Klasse, denn in den Refugios haben sie meistens erst nach 18.00 Uhr Zutritt. Außerdem sind die meisten von ihnen Einzelfahrer und so kommt es nicht zu den sozialen Kontakten, wie bei den Wanderern, die sich bei vergleichbarer Fitness immer wieder mal treffen.

PALAS DE REI - RIBADISO DA BAIXO   22. MAI 2008

Die beiden Französinnen aus der Bretagne, die wir immer wieder treffen, wollen heute leider nur bis Mélide gehen, das sind nur 15 Kilometer, wir möchten jedoch mindestens bis Castañeda oder bis Arzúa wandern, je nachdem. Wir sind fest davon überzeugt, dass wir uns spätestens in Santiago wieder treffen werden.

Bei blauem Himmel geht es los durch viele kleine Weiler. Im Internet habe ich mal nachgesehen, was Weiler eigentlich bedeutet, dort steht, dass ein Weiler eine Wohnsiedlung ist, die aus wenigen Gebäuden besteht, aber größer als ein Gehöft ist.

Wer geglaubt hat, dass es in der Region um Santiago weniger bergig ist, der irrt. Das Terrain ist insgesamt zwar flacher, es hügelt sich aber noch ziemlich was zurecht. Haben wir etwa die Berge satt? Die Bäume in den Wäldern sind jetzt zunehmend Eukalyptusbäume. Diese Bäume haben einen ganz glatten Stamm und sind wohl an die 30 Meter hoch. Eukalyptus schilfert die Rinde ab. Wir sehen ganz große Haufen mit Rinden, die von den Förstern zusammengekarrt wurden. Auf einem Waldspielplatz toben deutsche Schulkinder, während die Betreuer eine kleine Pause einlegen.

Gerd verpflastert seine Zehen neu und dann müssen wir auch zusehen, dass wir möglichst trocken ankommen. Auf unserem Weg passieren wir jetzt das unscheinbare Castañeda, hier wurde im Mittelalter der Kalk für den Bau der Kathedrale gebrannt. Die Pilger hatten sich ja mit den Gesteinsbrocken aus Triacastela abgeschleppt. Im Wanderführer steht, dass es in Ribadiso da Baixo eine Bar bzw. ein Restaurant in einem Kilometer Entfernung zur Herberge gibt. Das erscheint uns doch sehr ungünstig, zumal jetzt ganz nachdrücklich die Regenwolken aufziehen. Als wir dort eintreffen, sehen wir das wirklich idyllisch gelegene Refugio am Bach und als wir schon fast daran vorbei sind, bemerken wir, dass sich in unmittelbarer Nähe ein Restaurant befindet. Da siegt dann die Faulheit. Es sind wieder uralte Gemäuer, in denen wir nächtigen. Die Toiletten und Duschen befinden sich in extra Gebäuden, damit die auch von den Campern benutzt werden können. Die deutschen Schüler, die wir auf dem Waldspielplatz trafen, übernachten im Zeltlager auf dem Gelände.

Unsere gewaschene Kleidung bekam ich in Palas de Rei nicht trocken und packte sie deshalb feucht, wie schon so oft, wieder ein. Die Chancen, die Sachen hier auf der Wäscheleine zu trocknen, stehen sehr schlecht, denn es schüttet nur so. Im Sanitärgebäude befinden sich Waschmaschinen und Trockner, nichts wie hin! Die Distanz zwischen den Gebäuden muss ich im Laufschritt überwinden, will ich nicht samt getrockneter Wäsche wieder klatschnass werden.

RIBADISO DA BAIXO – 23. MAI 2008
ARCA DO PINO / PEDROUZO

Als ich meinen Rucksack aufnehmen will, spüre ich einen starken Schmerz im Rücken. Es ist ziemlich eng im Schlafraum und da habe ich mich etwas unglücklich bewegt. Diese Rückenschmerzen werden mich bis nach Hause begleiten, es tut mir die Wärme gut, wenn ich den Rucksack dann auf dem Rücken habe. Wir steigen gleich in die volle

Regenmontur, obwohl es zunächst noch trocken ist. Die Schülergruppe muss sich sputen, damit sie ihre Frühstücksstullen noch vor dem großen Regen gegessen kriegen. Die Schüler sind zwischen 12 und 15 Jahre alt und wie uns die Betreuer erzählen, in Ponferrada gestartet und jeden Tag um die 15 Kilometer gelaufen.

Die Dreiviertelstunde bis Arzúa hält sich das Wetter und dann geht es aber los. Mit Blitz und Donner und Starkregen. Wir befinden uns mitten im Wald bei diesem Unwetter, aber wo sollen wir hin! Die Waldwege, die wir hochgehen müssen, haben sich zu wegebreiten Sturzbächen verändert. Da bleibt kein Fuß trocken. Gerd schreibt: „Unsere Schuhe sind am Ende ihrer Möglichkeiten, sie sind vollständig durchnässt, lassen aber noch kein Wasser nach innen". Bei mir z.B. ist das Wasser dann von oben über den Schaft in die Schuhe gelaufen.

Als Tagesziel haben wir uns eigentlich Santa Irene vorgenommen, als wir vor Ort sind, stellen wir fest, dass es dort eigentlich gar keine Infrastruktur gibt. Die Herberge sieht rein äußerlich sehr gut aus, aber was nützt es uns, wenn wir im Regen noch sonst wohin gehen müssen, um einzukaufen oder zu essen. Wir gehen noch ein kleines Stückchen weiter, durch die Eukalyptuswälder, bis nach Arca do Pino. In einer neuen privaten Herberge, Albergue Porta de Santiago, finden wir Quartier. Eine große Freude haben wir, als wir unseren Klappradfahrer Leonhard wieder treffen. Wir umarmen uns und unterhalten uns im Flur der Herberge, was andere Deutsche auf den Plan ruft. Was das soll, diese Unterhaltung, wo doch einige erschöpft schlafen. Leonhard hält dagegen, wann soll man sich denn sonst unterhalten, wenn nicht am Nachmittag. Und wenn das einem der Gäste nicht passe, dann solle er es uns doch selber sagen! Jawoll!

Gerd schreibt, wir hätten Leonhard seit Bercianos, als ihm vermeintlich das Klapprad gestohlen wurde, das heißt seit 15 Tagen, nicht mehr getroffen. Das stimmt aber so nicht ganz, denn in Rabanal, kurz vor den Montes de León haben wir ihn noch einmal getroffen. Er hatte sich gut durchgeschlagen, aber immer wieder gab es Probleme mit den Refugios, weil die ihn als „Radfahrer" mit seinem 22-er-Klapprad einstuften und vor 18.00 Uhr nicht einließen. Manchmal hat er einfach sein Rad über den Zaun gehoben und ist als Fußgänger in die Albergue gegangen.

Gerd hat sich immer mal wieder einen „Dreitagebart" stehen lassen. Ganz am Anfang unserer Wanderung hatte er sogar vor, sich einen Weihnachtsmannbart stehen zu lassen. Die Haut unter seinem Bart hat aber immer ganz fürchterlich gejuckt und so wurden dann die Dreitagebärte daraus. Vor der Ankunft in Santiago will er sich aber gründlich rasieren. Gründliche Körperpflege vor der Ankunft in Santiago, das ist jahrhundertealte Tradition.

Viele Refugios haben inzwischen Internetzugänge für ihre Gäste und so auch hier. Wir schreiben E-Mails an Freunde und Verwandte: „Gerd und ich sind jetzt in die Zielgerade eingebogen und wenn alles klappt, wie wir es uns vorstellen, so erreichen wir morgen Santiago de Compostela. Etwas abgehärmt sind wir inzwischen schon, aber ansonsten gut drauf. Das Wetter allerdings ist lausig. Es regnet seit Tagen und wir sehen neidvoll auf Hamburg, wo man schwitzen soll."

ARCA DO PINO / PEDROUZO – 24. MAI 2008
SANTIAGO DE COMPOSTELA

Heute haben wir also unsere letzte Etappe zu fassen. Ich weiß gar nicht, wie ich unsere Gemütslage am besten beschreiben soll. Einerseits ist da eine gewisse Freude und auch Stolz, es soweit gebracht zu haben, andererseits ein wenig Trauer, dass es jetzt geschafft ist. Eben etwas zwiespältig alles. Gespannt sind wir auf jeden Fall auf Santiago de Compostela. Wir hatten uns zu Hause noch nicht ausführlich mit dieser Stadt beschäftigt, außer, was wir alles in unserem Wanderführer gelesen haben. Wir wollten uns nicht unseren ganz persönlichen Blick auf diese Stadt verstellen.

Bis dorthin sind erst noch einmal 22 Kilometer zurückzulegen. Die Wetterlage ist leidlich, wie Gerd schreibt. Na ja, ein paar

Sonnenstrahlen haben wir doch zu sehen bekommen. Über den Wipfeln des Waldes können wir die startenden und landenden Flugzeuge sehen, untrügliches Zeichen dafür, dass wir hier den großen Umweg um den Flughafen herum zu fassen haben. Hier fließt der Bach „Lavacolla", der bereits von dem mittelalterlichen Pilgermönch Aymeric Picaud erwähnt wird. An diesem Bach wuschen sich die historischen Pilger den Schmutz und den Gestank der Wege ab. Durch einen Übersetzungsfehler des Mönches bei der galicischen Ortsbezeichnung soll es bei den Pilgern zu diesem Brauch gekommen sein, sich vor dem Betreten Santiagos einer körperlichen Säuberung zu unterziehen. Eine gründliche Reinigung ist das schlechteste ja nicht, zumal in den unzureichenden hygienischen Verhältnissen des Mittelalters.

An diesem letzten Wandertag leide ich Höllenqualen. Mein linker Fuß schmerzt bei jedem Schritt. Diese Schmerzen habe ich zwar nicht zum ersten Mal, aber heute will das gar kein Ende nehmen. Pausen helfen in der Regel, jedoch die Bars im Einzugsgebiet von Santiago sind sehr voll. Wir haben keine Lust auf die Massen und so geht es einfach weiter, vorbei an den Fernsehstationen bis zum Monte do Gozo und zu dem Denkmal zur Erinnerung an den Papstbesuch Johannes Pauls II. Hier befindet sich auch eine kleine Kapelle und hier erhalten wir den letzten Stempel vor Santiago in unseren Credencial. Der Monte do Gozo hatte, insbesondere bei den historischen Pilgern, eine große Bedeutung. Von hier aus kann man erstmals das Stadtgebiet Santiagos sehen. Dieser Berg hat unzählige Ausrufe der Freude und Erleichterung über das Erreichen des Ziels gehört. Sehr eindrucksvoll beschreibt dies der italienische Priester Domenico Laffi im Jahr 1673:
„Als wir die Höhe eines Bergzuges mit Namen „Berg der Freude" erreichten und das so herbeigeflehte Santiago offen vor uns liegen sahen, fielen wir auf die Knie, und die Freudentränen schossen uns aus den Augen. Wir begannen das „Te Deum" zu singen, aber kaum brachten wir zwei oder drei Verse hervor, denn allzusehr unterbrachen Tränen und Seufzer unseren Gesang und ließen das Herz erzittern." – (Laffi: Viaggio al Poniente, dt. nach Wegner: Der spanische Jakobsweg, S. 226)

Wir bitten den Autor des Outdoor-Wanderführers von Gerd und mir Fotos zu machen, mit der Stadt Santiago und der heranziehenden Schlechtwetterfront im Hintergrund. Er macht uns darauf aufmerksam, wo wir die drei Türme der Kathedrale am besten ausmachen können. Und er fragt uns auch, welchen Wanderführer wir benutzen, da müssen wir ihm leider sagen, dass wir den Rother-Wanderführer haben.

Noch etwa eine Stunde Gehzeit und die Schlechtwetterfront entlädt sich, mit Hagel, Regen und Sturm. Auf der Holzbrücke am Stadtrand, die über die Eisenbahnschienen führt, begegnet uns ein Rennradfahrerfeld, das stadtauswärts fährt, die sind genauso wenig zu beneiden wie wir. Wir sind es gar nicht mehr gewöhnt, auf den Stadtverkehr Rücksicht zu nehmen, kommen aber doch heil und klatschnass bei der Kathedrale an. Und was sollen wir sagen, dort am Nordportal der Kathedrale steht die lang vermisste Elke, die wir seit León nicht mehr gesehen haben. Wir umarmen uns und freuen uns so sehr, dass wir es alle geschafft haben. Elke ist sehr schmal geworden, die Anstrengungen haben Spuren hinterlassen. Sie war am Vortag eingetroffen und hat gerade die Pilgermesse gefeiert. Sie ist noch sehr berührt von der Messe, in der das riesige, 50 bis 60 kg schwere, versilberte Weihrauchfass, der Botafumeiro, durch das Querschiff der Kathedrale geschwenkt worden war. Es wurde die Ankunft einer Pilgergruppe aus Jerusalem gefeiert. Dass der Botafumeiro von sechs oder acht Männern durch das Querschiff geschwungen wird, passiert nicht allzu oft und so war das noch umso beeindruckender und in der Kathedrale schwebt immer noch der Duft des Weihrauchs.

Elkes Mantel hatte die Regentage gut überstanden und hat ihr sehr nützliche Dienste als wärmendes Element erwiesen, wenn sie draußen im Freien schlafen musste. Nur von ihrem Wanderstab ist die Gipsmuschel abgefallen, der Kleber hatte sich durch den Dauerregen aufgelöst. Elke deutet an, dass sie Probleme mit den Finanzen hätte und wir bieten ihr an auszuhelfen. Hätten wir gewusst, wie dramatisch eng es auf diesem Gebiet aussah, wir hätten uns nicht so schnell abwimmeln lassen. Wie Elke uns später schrieb, hatte sie noch ganze 1,80 Euro in der Tasche und ihr Rückflug war erst für Ende Mai gebucht. Andererseits hat sie wertvolle Erkenntnisse und Erfahrungen gemacht, die sie nicht missen möchte und diese Erfahrungen machen stark, wie sie schreibt. Nun bin ich zwar der Meinung, dass man nicht unbedingt jede Erfahrung selber machen muss, aber Respekt!

Angekommen, aber doch noch nicht da, so fühle ich mich. Das ist alles nicht zu fassen, wie im Traum steige ich die Treppe hoch, die zu der edelsteinverzierten Statue des Jakobusses führt. Traditionsgemäß wird der Apostel umarmt und geküsst. Das tun wir dann auch und es ist schon sehr emotional. Ein Mönch gibt uns ein Heiligenbild und wie ich später lese, gehört die Verteilung der Heiligenbilder zu den Zählmechanismen, um die Anzahl der Pilger zu ermitteln. Anschließend suchen wir die Krypta unter dem Altar auf, wo die Reliquien in einem silbernen Sarkophag ruhen. Wir haben jetzt noch verwaltungstechnisch etwas zu erledigen, denn in dem verregneten Santiago folgen wir jetzt der Wegweisung zum Pilgerbüro. Dort wird das Ende der Pilgerschaft im Credencial eingetragen. Außerdem erhalten Pilger, die den Regeln gefolgt sind, dort den „Compostela", die Urkunde über die vollendete Pilgerschaft im religiösen Sinn. Der Compostela ist in lateinischer Sprache abgefasst und auch die Vornamen der Pilger werden lateinisiert. Gerds lateinischer Vorname lautet: Gerardum. Nur mit meinem Vornamen „Reingard" gibt es Probleme. Der Mitarbeiter des Pilgerbüros macht sich sehr viel Mühe, die lateinische Deutung für meinen Namen herauszufinden. Das gelingt ihm jedoch weder mit seinem Nachschlagewerk, noch mit dem Computer. „Kein Problem", meint er, wir nehmen den Vornamen einfach wie er ist. Während er im Computer nach den Namen sucht, unterhalten wir uns mit ihm, über das Unwesen der nervigen Leute, die sich durch das Hape-Kerkeling-Buch aufgerufen fühlten, den Jakobsweg kennen zu lernen. Dass diese Menschen den Camino erleben wollen sei in Ordnung, nicht in Ordnung ist, dass sie mitunter sehr unsensibel agieren. Er bestätigt uns, dass die Pilgerzahlen seit dem Erscheinen des Buches des deutschen Komikers in die Höhe gegangen seien; vom 8.000 deutschen Pilgern in 2006, 14.000 in 2007 und für 2008 werden 20.000 Pilger allein aus Deutschland erwartet. Zum Schluss gibt er uns noch dem Tipp, im Internet die Übersetzung des lateinischen Textes des „Compostelas" ins Deutsche zu suchen. Und hier ist die Übersetzung: „*Das Kapitel dieser mütterlichen, apostolischen und metropolitanischen Kirche von Compostela, der Wächter des Siegels des Altares des seligen Apostels Jakobus, in der Absicht, allen Gläubigen und Pilgern, die aus dem ganzen Erdkreis beseelt von Verehrung oder eines Gelübdes willen vor der Tür unseres Apostels, des Patrons und Schutzherren der spanischen Lande, des heiligen Jakobus, zusammengekommen, echte Schreiben zur Bestätigung des Besuches zu verschaffen, macht allen und jedem, die in das Vorliegende Einblick nehmen, bekannt, dass (Vorname und Nachname des Pilgers) dieses allerheiligste Gotteshaus, von Frömmigkeit getrieben, ehrerbietig besucht hat. Zur Beglaubigung dafür überreiche ich dir/Ihnen dieses vorliegende Schreiben, versehen mit dem Siegel eben derselben heiligen Kirche.*

Gegeben in Compostela den (Tag, Monat, Jahr)."
In den heiligen Jahren erfolgt noch der Zusatz „Annus Sanctus".

Der Compostela ist eine Urkunde über die Vollendung der Pilgerschaft und keine Ablassbescheinigung. Wenn auch der Ablass gewährt werden soll, so ist das noch an zusätzliche Übungen gebunden, wie z. B. die Beichte innerhalb einer bestimmten Zeitspanne und die Kommunion. In den heiligen Jahren werden dann auch noch besondere Ablässe gewährt, aber diese Praxis verschließt sich mir doch ein wenig.

Wieder durch den Regen, diesmal sind wir auf Hotelsuche, denn wir möchten jetzt auch mal privat sein, keine Großherberge und keine Schlafsäle, keine Doppelstockbetten mehr. Wir haben keine Peilung, wo die Hotels denn nun so sind. Die in der Altstadt jedenfalls sind alle ausgebucht. Nach einer halbstündigen Wanderung durch die verregnete Stadt finden wir ein sehr schönes Hotel, mit Blick auf die Türme der Kathedrale und auf die Altstadt.

Am Nachmittag hört der Regen auf und wir spazieren durch die Altstadt. In dem wunderbaren „Cafe Casino deste 1873" mit Deckenstuck, Holzvertäfelung, Kronleuchtern, Ölgemälden und

Plüschsesseln trinken wir unser Ankunfts-Cerveza. Und ich verputze zur Feier des Tages noch einen Rieseneisbecher. Wie ist das Leben doch schön.

SANTIAGO DE COMPOSTELA 25. MAI 2008

Ausgiebig und gemütlich frühstücken wir in aller Ruhe, denn für heute haben wir eigentlich nur vor, die Pilgermesse um 12.00 Uhr zu besuchen und im Übrigen die Stadt ein wenig zu erkunden. Gerd schreibt: „Wir haben gehofft, in der Stadt weitere bekannte Pilger zu treffen. Diejenigen, die wir treffen, sind jedoch nicht solche, zu denen wir näheren Kontakt gehabt haben. Steffi z. B. ist nicht auffindbar, wen wir auch fragen, keiner hat sie gesehen. Die Stadt Santiago ist doch zu groß, so verlaufen sich die Menschen.

Elke hat uns am Vortag geraten, unbedingt mindestens eine Stunde vor Beginn der Pilgermesse in der Kathedrale zu sein, da sie sehr voll werden würde. Wir sind folgsam und sitzen in der zweiten Reihe vor dem Altar. Gerds Beschreibung des Altares: „Der Altar ist wohl 15 Meter breit und 20 Meter hoch und über und über mit Gold verziert. An beiden Seiten zwei große Engel, zentral ganz oben, ein Reiter in Rüstung auf einem weißen Pferd, mit gezücktem Schwert. Anmerkung: das ist die Darstellung des Apostels als Matamoros, Maurentöter. Darunter die Figur des Jakobusses, im prächtigen edelsteingeschmückten Gewand. Hinter der Figur ein verdeckter Treppenaufgang, der es den Gläubigen ermöglicht, den Jakobus von hinten zu umarmen. So sieht man vor dem Altar sitzend immer wieder Hände, die den Apostel umarmen. Das ist schon ein überwältigender Anblick".

Die Kathedrale füllt sich, in den Sitzbänken wird zusammengerückt und in den Gängen stehen sehr viele Leute, nicht ausschließlich Pilger, sondern auch Sonntagskirchgänger und Touristen. Bevor die Zeremonie beginnt, üben wir zusammen mit einer Nonne die Lieder, die in lateinischer Sprache gesungen werden; Laudate Domino,

Jubilate Deo. Die Pilgermesse wird von sechs Priestern zelebriert, alle tragen einen beigefarbenen Überwurf und auf der Brust und auf dem Rücken prangt das rote Templerkreuz, das Zeichen der Tempelritter. Dieses Kreuz ist ein Schwert, das zu einem Kreuz stilisiert wurde. Die Messe wird im Wesentlichen in spanischer Sprache gehalten und trotzdem haben wir keinerlei Probleme, die Geschehnisse zu verfolgen. Am Anfang der Messe werden die Pilger zahlenmäßig genannt, nach ihrer Nationalität und wo sie ihren Pilgerweg begonnen hatten. Da flossen schon die ersten Tränen. Zwischendurch singen wir, wieder zusammen mit der Nonne, die eingeübten Lieder. Es werden auch Teile der Predigt in italienischer, portugiesischer und koreanischer Sprache gehalten, zum besseren Verständnis für die internationalen Messebesucher. Von Gottesdienst zu Gottesdienst werden andere Sprachen gewählt, je nachdem, welche Priester in ihrer Muttersprache predigen.

Der Koreaner neben mir ist zu Tränen gerührt. Das Vaterunser versteht man in jeder Sprache und es hat auch jeder in seiner Sprache gebetet. Nachdem das Abendmahl verteilt ist, werden die Gläubigen aufgefordert, sich mit den Pilgern in ihrer Umgebung zu umarmen und zu deren erfolgreichen Abschluss der Pilgerreise zu gratulieren. Jetzt wird die Messe hochemotional und wir liegen uns weinend in den Armen. In so einem Moment ist es gut, wenn man einen vertrauten Menschen in der Nähe hat. Ich hätte es nie für möglich gehalten, dass wir so in Tränen aufgelöst sein könnten, am Ende unserer Pilgerreise, wo wir Schlechtwetterbedingungen und Hitze und hohen Bergen und langweiligen Strecken getrotzt hatten. Wir haben uns nie beklagt, denn schließlich ist es unser eigener Wille, uns dies anzutun. Diese Messe hat alles auf den Kopf gestellt und so empfinden wir eine tiefe Dankbarkeit für alles, für wirklich alles.

Nach so einer emotionalen Messe kann man nicht einfach zur Tagesordnung übergehen. Wir halten uns noch ein wenig in der Kathedrale auf, bis die nächste Zeremonie beginnt. Ich glaube, an diesem Sonntag wird irgendwie Fronleichnam gefeiert, so ganz genau kann ich das aber nicht zuordnen. Es findet jedenfalls eine

Prozession statt, verbunden mit einem abendlichen Feuerwerk. Die Prozessionsfigur steht bereits im Querschiff der Kathedrale, wohl zur Weihung, wie Gerd meint. Es handelt sich um eine quadratische goldene Kirchturmspitze mit Nebentürmchen. Diese Figur ist etwa einen Meter breit und tief und eineinhalb Meter hoch. Der fahrbare Podest ist mit grünem Samt bezogen. Gerd vermutet, dass diese Figur verhindert hat, dass in unserer Pilgermesse das große Weihrauchfass geschwenkt wurde. Das haben wir zwar sehr bedauert aber es war trotzdem unendlich schön.

Nach dem Gottesdienst bummeln wir, bei schönstem Sonnenschein, durch die Stadt. Und jetzt treffen wir auf unseren Klappradfahrer Leonhard und auf Chris und Isi. Am Rande der Altstadt sitzen wir auf der Terrasse eines Cafés und jetzt können wir, mit gutem Gewissen, die „Tarta de Santiago" essen. Wir essen diesen Kuchen allerdings nicht zum ersten Mal, denn es hat, ich meine seit der Provinz Bierzo schon, diese Tarta häufig als Nachtisch auf den Speisekarten gestanden. Bei diesem Gebäck handelt es sich um einen Mandelkuchen. Das Rezept ist ebenso einfach wie genial:

TARTA DE SANTIAGO

Teigmantel:
200g Mehl
75 g Zucker
100 g Butter
1 Ei

Füllung:
4 Eier
250 g Zucker
300 g abgezogene und gemahlene Mandeln
1 Msp Zimt
abgeriebene Schale von einer unbehandelten Zitrone

Aus den Teigzutaten einen Mürbeteig kneten und eingewickelt im Kühlschrank 30 Minuten ruhen lassen. Dann eine gefettete Form (28 cm Durchmesser) mit dem Teig auskleiden. Mit der Gabel den Boden mehrfach einstechen. Die Mandelkerne mit kochendem Wasser überbrühen, kurz ziehen lassen und dann die Mandelhäute abstreifen. Anschließend die Mandeln mahlen. Für die Füllung Eier und Zucker schaumig schlagen; die Zitronenschale, die gemahlenen Mandeln und den Zimt einrühren. Ich rühre meistens noch 1 bis 2 Esslöffel Mehl unter, weil mir die Füllung zu weich ist. Bei 180 Grad in ca. 30 Minuten hellbraun backen und dann auskühlen lassen. Nach dem Auskühlen wird diese Tarta mit Puderzucker bestreut. In Galicien ist es üblich, dass die Oberfläche des Mandelkuchens das Kreuz der Jakobsritter trägt. Hierfür wird eine Schablone in Form eines zum Kreuz stilisierten Schwertes vor dem Bestäuben mit Puderzucker auf den Kuchen gelegt. Auch dies ist eine jahrhundertealte Tradition.

Bevor wir die Pilgermesse besuchten, haben wir per Internet unsere Pilgerfreunde Gregor aus Zell am See und Anja und Volker über unsere Ankunft in Santiago informiert.

Wir haben es bereits vermutet, Santiago ist eine sehr touristisch ausgerichtete Stadt. Das ist auch ein Grund dafür, dass wir noch weiter bis an die Atlantikküste wollen. Außerdem, ich habe die offene See schon schmerzlich vermisst, da rennen wir Hunderte von Kilometern parallel zu Küste und kommen nicht hin!! Geht gar nicht, oder? Gegen Abend verschlechtert sich wieder das Wetter und da kann man sowieso nicht so viel unternehmen. Die Museen haben an Montagen ohnehin geschlossen und da hält uns nichts mehr in Santiago. Als wir in Molinaseca mit Steffi zusammen saßen, hatten wir eigentlich verabredet, dass wir zusammen bis nach Finisterre gehen wollen, wenn es unsere Zeit hergibt. Zu Fuß hätten wir diese Strecke nur schaffen können, wenn wir an diesem Sonntag schon unterwegs gewesen wären. Uns fällt gerade noch rechtzeitig ein, dass wir doch auch Urlaub haben und dass man da auch mal relaxen kann, darf und muss. Unser Entschluss steht fest, morgen gegen Mittag steigen wir in den Bus, der nach Finisterre am Atlantik fährt.

SANTIAGO DE COMPOSTELA – FINISTERRE 26. MAI 2008

Die Römer hatten den Atlantischen Ozean das Meer der Finsternis genannt. Was läge da näher, als das Kap, welches da in den Atlantik hineinragt, als das Ende der Welt wahrzunehmen.

Wir haben wieder unsere Rucksäcke geschultert und sind bei Nieselregen mit dem Bus losgefahren. Wir sind doch einigermaßen erstaunt, dass die Fahrt nicht direkt nach Finisterre geht, sondern wir haben einen einstündigen Aufenthalt in Muros und müssen dann mit einer anderen Buslinie weiterfahren. Die Schülergruppe, die wir schon vor Ribadiso da Baixo getroffen hatten, ist auch im Bus. So wird es dann schon später Nachmittag, als wir in Finisterre ankommen. Ein verschlafenes Örtchen mit kleiner Hafenanlage, Hotels und Souvenirläden; Ende der Welt, das passt schon.

Was für eine Freude, als wir Uli wiedertreffen. Uli, der Marathon-Mann. Er ist uns immer viel zu schnell gewesen, deshalb haben wir ihn auch seit längerer Zeit nicht mehr getroffen. Heute trinken wir unser Ankunfts-Cerveza eigentlich unverdient, denn wir sind ja nicht zu Fuß angekommen. Mit etwas Fantasie könnte man es aber auch das Wiedersehens-Cerveza nennen. In Spanien ist es eine weit verbreitete und sympathische Sitte, dass man in den Bars kleine Appetithäppchen (Tapas) zu den alkoholischen Getränken gereicht bekommt. Meistens handelt es sich um Oliven, eingelegtes Gemüse oder Nüsse, heute gibt es etwas ganz Spezielles und so richtig wissen wir immer noch nicht, was es genau ist. Vielleicht ist das auch besser so, was sicher ist, ist das dieses Getier aus dem Meer stammt. Unsere Interpretation geht dahin, dass wir es für ein Greifwerkzeug einer Krake, Krabbe oder eines

Krebses, was weiß ich, halten. Frisch und ungekocht, oder vielleicht doch gekocht, wer weiß, so werden uns die Tapas serviert. Der Wirt zeigt uns auch gleich wie wir an das weiße Fleisch herankommen. Man dreht diese Fangarme wie bei den Krabben gegeneinander und zieht so das Fleisch heraus. Das salzige Seewasser spritzt dann auch mal raus. Äh, ja, geschmeckt hat es, ob es Pulpe (Tintenfisch) war, keine Ahnung. Erst später haben wir herausgefunden, dass es sich wohl um Entenmuscheln gehandelt haben könnte.

Uli erzählt uns, wie es ihm in der Zwischenzeit ergangen ist und dass es sein kann, dass seine Fotos versehentlich aus seiner Digitalkamera gelöscht sind. Für diesen Fall kann er unsere Fotos bekommen, zumindest was den Weg angeht, dürfte es Ähnlichkeiten geben. Wir unterhalten uns auch über die Schülergruppe, die nach der Wanderung jetzt auch die Busfahrt nach Finisterre unternommen hat. Wie wir aus den Gesprächen mitbekommen, wusste man in der Herberge am Leuchtturm noch nichts von der Schülerinvasion. Uli sagt uns, dass diese Gruppe wie er aus dem Raum Köln kommt.

FINISTERRE 27. MAI 2008

Ausschlafen, einfach nur mal ausschlafen, was für ein Luxus. Ich bin schon fast etwas irritiert, dass niemand mitten in der Nacht beim Rucksackpacken rumraschelt und es gleiten auch keine Taschenlampenlichter, wie Irrlichter durch den Raum. Hape Kerkeling hat diese Leute ziemlich zutreffend als „Nachtschichtpilger" bezeichnet. Ich habe nie auf die Uhr gesehen, was daran liegt, dass ich keine Uhr dabei habe, wenn diese Typen mitten in der Nacht ihre Sachen zusammenpackten. Dieses Geraschel ist störender als schnarchen, ehrlich!! Der Sinn dieses „Nachtschichtpilgerns" hat sich uns auch nie so richtig erschlossen, denn wegen der Dunkelheit hat man sehr gute Chancen, sich ganz gehörig auf die Schnauze zu legen. Aber wahrscheinlich sind das genau die Typen, zusammen mit den

Taxipilgern, die schon in den unteren Betten liegen, wenn wir dann nachmittags in den Herbergen angehechelt kommen. Aber, das ist jetzt nicht unser Thema. Wir wohnen in einem kleinen Hotel für zwei Nächte. Regen, Sonne, Sonne, Regen und ein paar Möwen, ein kleiner gemütlicher Hafen eine herrliche Landschaft und leckeres Essen, das ist gut für die Seele.

Wir haben alle Zeit der Welt, aber eine Sache müssen wir heute noch erledigen. Es geht, wieder einmal, um Tradition. Zu diesem Zweck müssen wir uns zum Faro (Leuchtturm) auf dem Kap (Cabo Finisterre) begeben. Das sind nur bummelige drei Kilometer. Zu dieser mittelalterlichen Tradition gehört ein Bad im Atlantik, das schenken wir uns allerdings, das heißt, unsere Schuhe haben im Atlantik ein bisschen rumgeplätschert, ist das nicht wie baden? Wir machen doch ziemlich viel symbolisch auf dieser Reise. Das nächste Ritual ist das viel interessantere. Es wird die auf der Pilgerreise getragene Kleidung verbrannt. Jetzt man nicht gleich alles, ein Teil davon genügt auch. Gerd hat sich entschieden, seinen Hut zu verbrennen und ich will meinen Büstenhalter und meinen Strohhut verbrennen. Das mit dem Büstenhalter ist jetzt nicht in dem Sinne der 1968-Generation, der ich ja auch angehöre, zu verstehen.

Aus unserem Hotel haben wir eine Rolle Toilettenpapier mitgenommen, schließlich sind wir beide kleine Feuerteufel. Gerd der ehemalige Feuerwehrmann und ich, die Hobby-Pyromanin. Auf den Felsen hinter dem Leuchtturm suchen wir einen windgeschützten Platz in einer Felsspalte. Hier entzünden wir unser kleines Feuerchen. Das mitgebrachte Toilettenpapier sorgt dafür, dass die Flammen gut in Gang kommen und unsere Sachen nicht nur kokeln, sondern mit einer ordentlichen Flamme brennen. Ein spanisches Paar versucht auch gerade, ein Feuer in Betrieb zu bekommen, aber es gehen ihnen die Streichhölzer aus. Wir können zwar mit Zündhölzern aushelfen, aber ich glaube, die haben ihren Brennplatz nicht gut gewählt, denn der Seewind bläst beständig und so ziehen sie unverrichteter Dinge wieder ab.

Ein Bad im Atlantik, das Verbrennen der getragenen Kleidung und der spektakuläre Sonnenuntergang am Kap und am anderen Tag wacht ein neuer Mensch auf. So heißt es.

Es ist nichts los auf unserem Weg zum Faro und das ist gut so. Ich liebe diese Küste ganz besonders, in ihrer Schroffheit und Unbändigkeit und ich kann wieder einmal die Kelten so gut verstehen, die dieses Kap für ihre Rituale ausgewählt hatten. Das Ende der Welt, das hat etwas Mystisches.

Auf dem Rückweg entdecken wir eine sehr kleine Sandbucht und weil wir nicht in Eile sind, klettern wir runter. Hier unten sind wir ganz alleine mit der Welt. Oberhalb dieser Bucht ist die Kirche Santa María das Arenas, hier finden aber gerade Restaurierungsarbeiten statt. Wir machen einen Rundgang durch die Hafenanlagen und zu den Fischaktionshallen. Die letzten Händler laden gerade ihre Fischkisten ein und Gerd und ich sehen uns die Fänge mal etwas näher an. Was stellen wir fest? Auch von Fischen haben wir keine Ahnung! Echt schlimm!

Auf der Hafenmole halten wir Ausschau nach Booten, die eine Rundfahrt anbieten. Aber, weit und breit sind keine Ausflugsboote zu sehen. Wir hätten das Kap sehr gerne mal auf dem Wasser umrundet. Ich weiß nicht, ob der Grund für das vollständige Fehlen solcher Schiffe vielleicht gefährliche Strömungen sind oder einfach nur kein Interesse. So wandern wir zu dem großen Sandstrand und sammeln Muscheln, Seetang und sonstiges Schwemmgut. Wollen wir das ganze Muschelzeug jetzt wirklich mit nach Hause schleppen und im Rucksack rumstinken lassen? Wir entschließen uns, die Muscheln, die Schnecken, das Seegras, die Stöckchen und Steinchen auf dem Strand zu drapieren und davon Fotos zu machen. Völlig ungekünstelt!

Die spektakulären Sonnenuntergänge am Cabo Finisterre sind ein Muss. Habe ich jedenfalls gelesen. Hat der Autor vielleicht bedacht, dass eine Vielzahl dieser Sonnenuntergänge ohne Publikum hinter den Wolken stattfindet. So war es gestern und so ist es auch heute. Stattdessen sind Gerd und ich da unten am Strand bis auf die Haut nass geworden.

Den Abschluss unseres Spanienaufenthaltes feiern wir mit einem köstlichen Menü. Hier an der Küste kommt da eigentlich nur Fisch in Frage. Am Hafen entdecken wir ein sehr gutes Fischrestaurant. Jakobsmuscheln hängen zwar an Gerds Hals und an meinem Rucksack, aber gegessen haben wir sie bisher noch nicht und das holen wir jetzt nach. Als Vorspeise werden gratinierte Jakobsmuscheln angeboten, als Hauptgericht wählen wir Seehecht und Seezunge. Käse schließt den Magen, heißt es und weil Galicien auch ein „Käseland" ist, bestellen wir als „Postre" eine galicische Käseplatte. Es ist alles sehr lecker und wir sind pappsatt.

FINISTERRE – 28. MAI 2008
SANTIAGO DE COMPOSTELA – HAMBURG

Die Busfahrpläne sind etwas verwirrend. Wir suchen uns den Bus, der um 8.20 Uhr abfährt aus. Als wir gegen 8.10 Uhr an der Haltestelle ankommen, steht dort ein Bus mit einem ganz anderen Ziel. Wir fragen trotzdem beim Fahrer nach, ob wir so nach Santiago kommen können und er bejaht. Wir fahren wieder eine ganze Weile an der Küste entlang und dann geht es ins Landesinnere. Vom Bus aus haben wir noch einmal wunderschöne Eindrücke von der galicischen Landschaft. So z. B. von den ungewöhnlichen galicischen Maisspeichern, den Hórreos. Das sind langgestreckte, schmale auf Stelzen erbaute Gebäude. Zum Zwecke der Durchlüftung sind die Ziegelsteine in Spaltbreite auf Lücke gemauert. Die schmalen Schlitze verhindern, dass Mäuse und Ratten in die Speicher eindringen können. Aus demselben Grund stehen diese Bauten auf Stelzen oder über Hofeinfahrten in luftiger Höhe. Die Dächer sind mit Dachpfannen eingedeckt und an beiden Enden der Speicher sind Kreuze angebracht. Häufig sehen wir aber auch Speicher, bei denen sich nur an der einen Schmalseite ein Kreuz befindet, auf der gegenüberliegenden Seite aber ein kleines, schlankes Türmchen. Weshalb das so ist, können wir leider nicht herausfinden;

wahrscheinlich hat das mal wieder etwas mit Tradition zu tun oder auch mit Aberglauben?? Aberglaube oder der Glaube an Geister und Hexen ist in Galicien weit verbreitet, wie wir bemerkt haben. Wie sich das mit der christlichen Tradition verträgt ist uns allerdings nicht ganz klar. Diese Speicherhäuschen sind mitunter sehr alt und wir haben auch außerordentlich kunstvoll gemauerte gesehen.

Es geht gemächlich zu in Galicien, denn wo kann man es erleben, dass der Busfahrer in einem Dorf seine Einkäufe von einem Händler in den Bus geliefert bekommt und ein paar Dörfer weiter seine Señora die Waren an einer Kreuzung in Empfang nimmt. Zumindest wir deutsche Passagiere haben uns köstlich amüsiert. Auch dieser Bus fährt nicht bis Santiago durch und wir müssen in einem kleinen Städtchen umsteigen. Der Busfahrer hat zwar etwas von wenigen Minuten gesagt, was schon bedeuten aber wenige Minuten in Galicien. Es regnet gerade mal nicht und so ist das Warten kein Problem.

Wir sind so rechtzeitig in Santiago zurück, so dass wir uns entschließen, zum Abschluss unserer Pilgerreise die Pilgermesse in der Kathedrale um 12.00 Uhr zu besuchen. Es ist wieder sehr bewegend und wir stellen fest, dass nicht eine Messe wie die andere ist. Bei dieser Messe heute singt auch ein Chor. Das Weihrauchfass wird auch dieses Mal nicht geschwungen, schade eigentlich! Wir haben gehört, dass man das Schwingen des Weihrauchfasses, außerhalb der dafür vorgesehenen Anlässe, bestellen kann, das kostet, glaube ich, 300 Euro. Die Kathedrale ist wieder sehr voll und die fotografierenden und filmenden Besucher werden auch in dieser Messe von dem Sicherheitsdienst diskret aufgefordert, dies zu unterlassen.

Ich habe mir fest vorgenommen, so viele Santiago-Torten mit nach Hause zu nehmen, wie wir transportieren können. Zu diesem Zweck kaufen wie die Santiago-Stofftaschen ein, zwei Stück. Darin ist ausreichend Platz für insgesamt sechs Tartas. Und diese Kuchen werden wir natürlich als Handgepäck mit in den Flieger nehmen.

Wir wandern jetzt ein letztes Mal durch die Altstadt zum Busbahnhof. Dem Himmel geht es genauso wie uns, er ist traurig und weint dicke Tropfen. Eine kurze Fahrt nur und wir sind am Flughafen angelangt, den wir ein paar Tage zuvor auf unserem Weg in die Stadt umrunden mussten, weil die Startbahn über den ursprünglichen Pilgerweg gebaut worden war.

Die Fluggesellschaft Air Berlin hat Palma de Mallorca als Verkehrsdrehscheibe erkoren und so müssen wir von Santiago de Compostela zunächst in die entgegengesetzte Richtung nach Mallorca fliegen. Der Flug dauert 1 ½ Stunden. In Palma de Mallorca besteigen wir dann unser Flugzeug nach Hamburg. Es hat schon Verspätungen gegeben und wir müssen jetzt noch auf die Passagiere, die aus Portugal kommend zusteigen, warten.

Das ist für uns der Kulturschock schlechthin. Einerseits die gnadenlos gutgelaunten Mallorcaurlauber und dann wir paar Leute, die von einer Pilgerreise kommen. Größere Gegensätze kann es schon gar nicht geben. Ich weiß, ich weiß, das ist ganz alleine unser Problem. 2 ½ Stunden später landen wir dann in Hamburg und Hamburg hat um 23.00 Uhr noch eine Temperatur von 24 Grad. Als wir Santiago verließen waren es dort nur 15 Grad und auch in Palma de Mallorca waren es nur 19 Grad und das am Nachmittag.

WIR SIND BEEINDRUCKT!

Insbesondere von Galicien sind wir angetan. Dieses dünnbesiedelte Land übt einen eigenartigen Reiz auf uns aus. Sind die vielen Legenden, die geheimnisvollen Orte, die ständige Gegenwart des keltischen Erbes und die großartige Landschaft der Grund dafür? Im Wanderführer wird Santiago de Compostela als architektonisches Gesamtkunstwerk bezeichnet. Das wundert auch niemanden, denn an dem Ort, an dem der Apostel verehrt wird, haben sich zu allen Jahrhunderten die meisterhaftesten Künstler verwirklicht.

Fjordartige Buchten ziehen sich mitunter bis tief in das Landesinnere, in Galicien werden sie Rías genannt. Am Ende einer solchen Ría liegt das Städtchen Padrón. Zu römischen Zeiten hieß dieser Ort Iria

Flavia und war Bischofssitz. Hier landete der Legende nach, das von Engeln geleitete Schiff, mit dem die Getreuen des Sankt Jakobus den Leichnam des Apostels nach Spanien überführten. Als das Schiff in Galicien ankam, scheute das Pferd eines Ritters, verursacht durch die Lichtzeichen, die auf den toten Apostel fielen. Pferd und Reiter stürzten ins Wasser und wurden auf wunderbare Weise vom Apostel gerettet. Als sie wieder an das Ufer kamen, waren Pferd und Ritter über und über mit Jakobsmuscheln bedeckt. So wurde der Legende nach die Jakobsmuschel zum Symbol für die Santiagopilgerschaft. Dieses Padrón wurde der Ausgangsort für die Santiagopilger, die per Schiff Galicien erreicht hatten, das waren hauptsächlich Pilger von den britischen Inseln und zum Beispiel auch aus Hamburg und Bremen und überhaupt aus den Küstenregionen. Und zu Fuß pilgerten seinerzeit nur die Menschen, die sich aus wirtschaftlichen Gründen weder Pferd noch Esel leisten konnten und diejenigen, die weit von Küsten entfernt lebten. So ist es auch heute noch nicht zwingend notwendig, die Pilgerschaft durch einen Fußmarsch zu begründen. Wenn bestimmte religiöse Voraussetzungen erfüllt sind, kann ein Pilger sogar mit dem Flugzeug anreisen. Was diese Bedingungen beinhalten, das kann ich nicht sagen, bzw. das entzieht sich meinem Verständnis als evangelischer Christ.

Die „Besucher" Galiciens waren nicht immer in friedlicher und religiöser Absicht gekommen. Häufig wurde der Norden Spaniens in kriegerische Handlungen verwickelt oder auch von Piraten überfallen, die es auf die Schätze in den Pilgerstätten abgesehen hatten. Aus demselben Grund gab es auch Überfälle in 9. und 10. Jahrhundert durch die heidnischen Wikinger, die wegen ihrer Brutalität, ihrer Gier und der schnellen Schiffe wegen gefürchtet waren.

Diese Gemengelage aus Religion, Historie und Legende fasziniert uns und beflügelt die Fantasie.

WAS HAT DIESER WEG JETZT ABER BEI UNS BEWIRKT?

Wir haben mehr Respekt vor den Gewalten der Natur bekommen. In unserer hochtechnisierten Welt hat man schon den Eindruck, alles, buchstäblich alles im Griff zu haben. Das ist ein fataler Irrtum. Auch in diesem Jahr wieder haben wir von Todesfällen bei Pilgern gehört. Im April sind vier Koreaner in den Pyrenäen ums Leben gekommen, als Schneetreiben einsetzte und sie sich verirrten, weil die Wegmarkierungen im Schnee verschwunden waren. Dichter Nebel und Gewitterstürme sind auch nicht zu unterschätzende Risiken. Das gleiche gilt für die Einschätzung der eigenen körperlichen Verfassung und des Leistungsvermögens. Leonhard hat uns erzählt, dass er vermutlich einem Spanier das Leben gerettet hat. Sein Beruf ist Heilpraktiker und deshalb erkannte er sofort, dass der Spanier eine Thrombose hatte und sorgte für den sofortigen Transport ins Krankenhaus von León.

So durften wir unseren geistigen Horizont erweitern. Dieser Camino inspiriert in jeder Hinsicht. Ob es jetzt die architektonischen Meisterwerke des Antonio Gaudí in León und Astorga sind, die Spuren der frühzeitlichen Menschen in Atapuerca, die zahlreichen Kunstwerke der Maler und Bildhauer, die Freundlichkeit und Zuvorkommenheit der Menschen und nicht zuletzt die großartigen und verschiedenartigen Landschaften zwischen den Pyrenäen und dem Atlantischen Ozean. Wir haben viele gute Gespräche gehabt, mit anderen Pilgern oder Menschen, die uns auf unserem Weg begegnet sind. So hat Uli uns mit leuchtenden Augen von den Vorzügen des Familienstandes „Großeltern" vorgeschwärmt. Wenn das nicht erstrebenswert ist, aber dafür ist bekanntlich die nächste Generation verantwortlich.

In kulinarischer Hinsicht haben wir einiges mit nach Hause genommen. In den Gärten haben wir Kohlpflanzen mit einzelnen großen Blättern gesehen, etwa in der Höhe einer Grünkohlpflanze. Wie ich heute weiß, sind das Steckrüben! Wir meinen, dass diese Blätter in der galicischen Kohlsuppe Caldo Gallego Verwendung finden. Dieses

Geheimnis entdecke ich in einem Kochbuch, als ich nach dem Rezept für diese außerordentlich schmackhafte und rustikale Suppe, Caldo Gallego, suche:

CALDO CALLEGO

250 g getrocknete weiße Bohnen (ich persönlich bevorzuge die großen Limabohnen)
1 Schinkenknochen
Salz, Pfeffer und edelsüßes Paprikapulver
500 g geschälte und gewürfelte Kartoffeln
500 g Steckrübenblätter, ersatzweise Wirsingkohl oder Grünkohl, grob gehackt
2 Chorizo-Würste, in Scheiben geschnitten

Die eingeweichten Bohnen zusammen mit dem Schinkenknochen in reichlich Wasser zum Kochen bringen und so lange köcheln lassen, bis die Bohnen fast gar sind. Den Schinkenknochen entfernen, die Gewürze, die Kartoffeln, die Würste und den Kohl zu den Bohnen hinzufügen und weitere 20 – 30 Minuten garen.

Diese wärmende Suppe eignet sich auch gut für nebelverhangene nasskalte Herbst- und Wintertage in Deutschland.

So empfinden wir Dankbarkeit für alle Erfahrungen, die wir auf dem Camino machen konnten. Es ist im Alltag ein wenig untergegangen, das Bewusstsein, dass alles was wichtig ist, von göttlicher Gnade ist. Unser Ansatz für diese Pilgerfahrt ist nicht rein religiöser Natur, aber wir sind immer auf der Suche nach religiöser Spiritualität. Ob es jetzt Santo Domingo de la Calzada, San Juan de Ortega, das Cruz de Ferro, O Cebreiro oder auch Santiago de Compostela war, unsere Empfindungen an diesen Orten lassen sich nicht beschreiben. Schwester Elke schreibt uns, wie es ihr in Santiago als armer Pilgerin ergangen war. Und sie stellt fest, dass es ganz schnell passieren kann, dass man in der Obdachlosigkeit landet. Trotzdem haben sie diese Erfahrungen gestärkt und ich denke, das hat auch etwas mit christlicher Demut zu tun.

Die Refugios am Jakobsweg sind wichtige Begegnungsstätten für die Pilger. Man trifft auf Menschen aus aller Welt. In diesem Jahr z. B. waren es besonders viele aus dem deutschsprachigen Raum. Sehr oft haben wir auch Brasilianer getroffen. Dass so viele Brasilianer auf dem Jakobsweg unterwegs sind, liegt vermutlich daran, dass in den letzten beiden Jahrhunderten 1,4 Millionen Galicier aus wirtschaftlichen und politischen Gründen, meistens nach Südamerika, ausgewandert sind. Ich denke mir, dass die nachfolgenden Generationen noch eine starke Bindung an die Heimat und an den Apostel haben.

Wir danken allen, die unsere Wegbegleiter auf dem Sternenweg von St.-Jean-Pied-de-Port bis nach Santiago de Compostela waren, für ihre Freundschaft. Dieser Weg zu dem geheimnisvollen Grab am Ende der Welt wird uns unser Leben lang begleiten und wenn es uns vergönnt ist, so würden wir ihn wohl auch noch einmal gehen. Da wir die meisten der großartigen Kunstschätze, die es entlang des Caminos gibt, nicht gesehen haben, so könnte ich mir vorstellen, dass wir diese Strecke auch einmal motorisiert abfahren.

Die Klosterruine San Antón, hier führt der historische Pilgerweg durch das Bogengewölbe.

Die Kathedrale von León

Die Altstadt von León

Astorga, der Bischofspalast von Antonio Gaudí

Das Cruz de Ferro auf dem Monte Irago im dichten Nebel.
Hier wird der von zu Hause mitgebrachte Stein abgelegt.

Zitat des Gebetes:
„*Herr, möge dieser Stein, Symbol für mein Bemühen auf meiner Pilgerschaft, den ich zu Füßen des Kreuzes des Erlösers niederlege, dereinst, wenn über die Taten meines Lebens gerichtet wird, die Waagschale zu Gunsten meiner guten Taten senken. Möge es so sein.*"

Monasterio de Samos, das Benediktiner-Kloster Samos

Die gewaltigen Talbrücken im Bierzo

Gerd und ich, bald ist es geschafft!!!
  Auf dem Monte do Gozo, dem „Berg der Freude", kurz vor Santiago de Compostela. Die drei Türme der Kathedrale konnten wir mit Hilfe eines Ortskundigen bereits sehen.

Ankunft in Santiago

Der Altar in der Kathedrale

Die Maisspeicher, Hórreos, in Galicien

Die getragene Pilgerkleidung wird verbrannt!

Cabo Finisterre, hier ist nach dem Verständnis der Römer die Welt zu Ende, am Meer der Finsternis.
   Die Christen haben an diesem Ort ein Kreuz platziert, als Symbol der Hoffnung, der Erlösung und der Ewigkeit.

VIA PODIENSIS
LE-PUY-EN-VELAY - MOISSAC
TAGEBUCH 2009

Gereist sind die Menschen des Altertums und des Mittelalters eigentlich nur, wenn sie es mussten, so z. B. um neuen Lebensraum zu finden, als Händler, Krieger oder Missionar, Handwerksgesellen oder Baumeister. Die meisten Menschen kamen üblicherweise nicht aus ihren Dörfern und Städten heraus, es sei denn, sie begaben sich auf eine Wallfahrt. So eine Wallfahrt war ein akzeptierter Reisegrund auch für Frauen. Reisen zu jenen Zeiten war immer ein gefährliches Unterfangen, für die Gesundheit und für Leib und Leben und für den Besitz. Aus diesem Grund schlossen sich die Teilnehmer dieser Pilgerfahrten zu Gruppen zusammen, um von dem Wissen der erfahrenen Pilgerführer zu profitieren und in der Gruppe mehr Schutz vor Räubern und Wegelagerern zu haben. Überall in Europa gibt es Orte, an denen sich die Pilger versammelten, um dann gemeinsam ihr Unternehmen zu beginnen.

Durch Frankreich verlaufen vier historische Jakobswege, die sich in der Pyrenäenregion, auf französischem Gebiet, zu zwei Wegen vereinigen, dem aragonischen und dem navarrischen Weg. Diese beiden Wege verbinden sich auf spanischem Territorium, bei dem Städtchen Puente la Reina, zu dem historischen Weg, dem Camino Francés, der dann im Landesinneren bis nach Santiago de Compostela führt.

Die Via Podiensis ist der älteste Pilgerweg in Frankreich und beginnt in der Stadt Le-Puy-en-Velay. Diese Stadt war der Ausgangs- und Sammelpunkt für die mittelalterlichen Pilger, die aus Deutschland, Österreich und der Schweiz kamen. Heute hat die Stadt Le-Puy-en-Velay ca. 20.000 Einwohner, liegt im südlichen Zentralmassiv, der Auvergne, auf 625 Höhenmetern in vulkanisch geprägter Landschaft. Diese Stadt wurde in eine wahrlich bizarre Landschaft gebaut, mit kegelförmigen Bergspitzen, auf diesen Basaltspitzen wurden Kirchen,

Kapellen und Statuen gesetzt, die die heidnischen Heiligtümer verdrängten.

Wir hatten auf unserer Wanderung durch Nordspanien in 2007 und 2008 des Öfteren von anderen Pilgern gehört, dass sie mit ihrem Weg in Le-Puy-en-Velay in der Mitte Frankreichs gestartet seien. Als uns dann Anja und Volker, unsere Pilgerfreunde der ersten Etappe, berichteten, dass sie diesen Weg auch gehen wollen, haben wir spontan gesagt, dass wir sie begleiten werden. Da Anja und Volker in München wohnen, werden sie von dort aus direkt nach Lyon fliegen und dann per Bahn bis nach Le-Puy fahren und dort in Le Puy werden wir dann am 11. Juni zusammentreffen. Wer hätte das gedacht, dass wir, nachdem wir den spanischen Camino Francés gewältigt hatten die Kilometeranzeige nochmals um 799 Kilometer zurück, auf insgesamt 1.535 Kilometer bis Santiago drehen würden. Vermutlich waren die spirituellen Erfahrungen, unsere unglaubliche Neugierde und die Faszination des Jakobsweges schuld daran, dass wir nach zwei Etappen vorwärts wieder vier zurückgingen.

Die Hamburger Hauptkirche St. Jacobi hat seit einiger Zeit einen Pilgerpastor. Den Pilgerpastor hatte ich im März vor unserer Abreise aufgesucht und mir von ihm die Pilgerpässe für unseren französischen Weg ausstellen lassen. Der Pastor machte mich ausdrücklich darauf aufmerksam, dass die Hamburger Pilgerausweise nicht in Spanien gelten. Auf Betreiben der Jakobusgesellschaften gelten derzeit in Spanien nur die offiziellen Credenciales, zumeist ausgestellt von den Jakobusgesellschaften. Seit die Hamburger Hauptkirche St. Jacobi das Pilgerwesen wieder mehr in den Mittelpunkt gerückt hat, ist es möglich, dort den persönlichen Pilgersegen vor oder nach der Wanderung zu erhalten. Und außerdem gibt es zu festgelegten Terminen Pilgergottesdienste, in deren Anschluss sich die Pilger mit ihren Erfahrungen und Erinnerungen austauschen können. Ich habe dem Pastor gesagt, dass ich diese Aktivitäten sehr begrüße und ich mir für unseren Weg in 2007 und 2008 einen Pilgersegen gewünscht hätte. Diesen Segen hätten wir wahrscheinlich auch in der Kirchengemeinde unseres Ortes bekommen können, aber wir hatten uns um diesen

Aspekt nicht recht gekümmert. Vielleicht waren wir einfach nur ein bisschen zu feige, unser Vorhaben, einen Pilgerweg zu gehen, publik zu machen. Mit unserem Pilgerstatus hatten wir uns anfangs ja noch nicht richtig identifiziert. Auch in diesem Jahr sind wir dann doch ohne den offiziellen Pilgersegen unserer Heimtatkirchengemeinde gestartet, aus Zeitgründen oder so.

Ende Mai und Anfang Juni ist das Wetter in Hamburg nass, kalt und ungemütlich. Dieser Umstand bleibt nach den „Schlechtwettererfahrungen in Galicien 2008" nicht ganz unbedeutend für uns, als wir unsere Rucksäcke packen. Wir besorgen uns noch auf die Schnelle im Qutdoorladen vernünftige, große Regencapes. Diese Anschaffung reißt ein großes Loch in die Reisekasse, weil gute Sachen eben ihren Preis haben. Die warmen Fleecepullover, Hemden und Jacken packen wir ein, denn unsere Wanderroute verläuft über große Strecken in Höhen von über 1000 Metern und Regen und Gewitter sind dort nicht unbekannt. Hätten wir gewusst, dass wir das ganze Zeug nur spazieren tragen, wäre unsere Auswahl eine andere gewesen.

ANREISE VON MECKELFELD NACH LE-PUY-EN-VELAY 11. JUNI 2009

Diesen Tag habe ich mit „Zwei Flughäfen und vier Bahnhöfe" getitelt. Bei Nieselregen fliegen wir vom Hamburger Flughafen nach Basel in die Schweiz ab. Ob wir noch an diesem Tag in Le-Puy ankommen können, hängt ganz wesentlich davon ab, ob unser Flieger pünktlich in Basel ankommt und ob wir den Mittagszug nach Lyon bekommen werden. Das Flugzeug startet schon mal mit einer Verspätung von 45 Minuten. Schauen wir mal. Alles andere geht dann glatt, bei unserer Tour durch Halb-Europa.

In Basel geht die Fahrt mit dem Zug vom Gleis 14 los. Wir amüsieren uns köstlich darüber, dass es in Basel den Bahnsteig mit der Nummer 13 nicht gibt. Die Zahl 13, die angebliche Unglückzahl, charmant vermieden durch eine kleine Weglassung, von Numero 12 gleich nach 14! Es ist sehr schön warm und sonnig und wir haben eine herrliche Zugfahrt durch die Schweiz. Das macht Lust darauf, sich mal in der Schweiz etwas näher umzusehen. In Genf haben wir eine Stunde Aufenthalt, die wir zu einem kleinen Spaziergang an den See nutzen. Es ist jetzt schon Nachmittag und der Zug von Genf nach Lyon ist voll mit französischen Pendlern, die in der Schweiz arbeiten. In Lyon gibt es einen längeren Aufenthalt und dann geht es weiter nach St. Etienne und nach einem weiteren, ganz kleinen Aufenthalt dann, endlich mit dem allerletzten Zug für diesen Tag, nach Le-Puy. Unterwegs im Zug erhalten wir schon mal einen Eindruck von dem Höhenprofil, das uns auf unserer Wanderung erwartet.

Die 16-stündige Reise ist doch ziemlich erschöpfend. Inzwischen ist es schon 21.38 Uhr und wie wir per SMS von Anja und Volker erfahren, ist bereits Bettruhe in der Herberge, in der sie Unterkunft gefunden haben. An ein Treffen am heutigen Tag ist also nicht zu denken. Wir verabreden uns daraufhin für den nächsten Tag, den 12. Juni morgens um 7.00 Uhr, zur Frühmesse in der Kathedrale von Le-Puy.

Wir sind die letzten Reisenden, die da in Le-Puy ankommen, und es ist absolut nichts los auf dem Bahnhof, nach dem Weg fragen können wir niemanden. So entscheiden wir, Richtung der überragenden, angestrahlten Marienstatue, unseren Weg ins Zentrum der Stadt zu nehmen.

Es wird schon langsam dunkel, als wir im Hotel Regina unser Zimmer beziehen. Auf unser Ankunftsbier möchten wir nicht verzichten und da es noch schön warm ist, sitzen wir draußen auf dem Marktplatz und trinken Kanterbräu aus dem Elsass. Im Süden Frankreichs wird überwiegend das leckere Elsässer Bier ausgeschenkt.

LE-PUY-EN-VELAY – MONTBONNET (ST. JEAN-LACHALM) 12. JUNI 2009

Wir müssen sehr früh aufstehen, damit wir uns pünktlich in der Kathedrale einfinden. Die Kathedrale ist sehr groß und von der mittelalterlichen Stadt völlig umschlossen. Es gibt keinen Platz, von dem aus man die Kathedrale als Ganzes sehen kann. Dass es in dieser kleinen Stadt eine so gewaltige Kathedrale gibt, ist darauf zurückzuführen, dass Le-Puy seit dem 10. Jahrhundert der Ausgangsort für die Wallfahrt nach Santiago ist. Die Kathedrale Notre Dame wurde auf einen Vulkankegel, dem Mont Anis, erbaut, der zuvor ein druidischer Kultplatz war und so ranken sich Legenden um diesen Ort.

In Le-Puy hat die Marienverehrung einen sehr hohen Stellenwert, das lässt sich schon an der Stadtsilhouette erkennen. Auf einer Basaltspitze erbaut, überragt seit 1860 eine rote Marienstatue die Stadt, 16 Meter hoch, mit Sockel 22 Meter und diese Figur wurde aus 200 Kanonenkugeln, Beute aus dem Krimkrieg, gegossen. Ein bisschen bizarr.

In der Kathedrale (Baubeginn im 11. Jahrhundert) wird eine Replik der schwarzen Madonna aufbewahrt, die Ludwig der Heilige von einem Kreuzzug im Jahre 1254 mitbrachte. Die Original-Figur stellte eine Mutter mit Kind dar und es ist damit nicht gesagt, dass es sich um eine Madonnenfigur im christlichen Sinne gehandelt hatte. Dieses

Kunstwerk soll ein Geschenk eines ägyptischen Sultans gewesen sein und war vermutlich heidnischen Ursprungs. In den Wirren der französischen Revolution wurde die Original-Madonna 1794 verbrannt. Anfang des 19. Jahrhunderts erschuf ein Künstler eine Kopie, die allerdings nicht aufgestellt und geweiht wurde, da der Lebenswandel des Künstlers während der Revolution sehr zu wünschen übrig ließ. Eine andere Kopie wurde gefertigt und am Jahrestag der Verbrennung 1856 feierlich gekrönt.

Weit und breit sind keine Menschen auszumachen, die man mal fragen könnte, wie wir in die Kirche hinein gelangen, nachdem wir die steilen Treppen und Gassen nach oben gestiegen sind. Endlich finden wir eine geöffnete Seitentür und treffen im Innenraum dann auf Anja und Volker. Es sind noch nicht sehr viele Pilger anwesend, als eine Ordensschwester einen Pilger sucht, der eine Textpassage aus der französischsprachigen Bibel vorlesen kann. An der Messe nehmen dann etwa 50 Personen teil, die ihren Weg von Le-Puy starten oder fortführen und die Messe wird in französischer Sprache gehalten. Da stoßen wir doch schnell an unsere sprachlichen Grenzen, obwohl der Priester sehr akzentuiert spricht und seine Stimme durch die Kirche hallt. Seine Körpersprache ist sehr ausdrucksvoll, es scheint, als wolle er persönlich den direkten Kontakt zwischen Himmel und Erde herstellen. Als es dann um die Kommunion geht, werden wir doch tatsächlich in englischer Sprache darauf aufmerksam gemacht, dass es sich um eine ausschließlich katholische Zeremonie handelt. Nach der Messe holt der Priester die Messeteilnehmer nach vorne und bittet uns, uns mit Vornamen, Herkunfts- und Zielort vorzustellen. Anschließend verteilt eine Nonne an jeden Pilger einen kleinen silbernen Anhänger, auf dem die Marienstatue dargestellt ist.

Nach dem Gottesdienst können wir uns endlich miteinander unterhalten und beschließen, in der Herberge von Anja und Volker gemeinsam zu frühstücken.

Die Via Podiensis hat eine weiß-rote Kennzeichnung und ist mit GR 65 ausgeschildert. Diesen Markierungen werden wir also in den nächsten Wochen folgen. Aber zunächst bringen wir da noch etwas durcheinander und das noch in Le-Puy. Ein anderer deutscher Wanderer erkennt an unseren Muscheln am Rucksack, dass wir doch garantiert nicht die GR 70 gehen wollen, die hat zwar auch die weißrote Markierung, aber nicht das gleiche Ziel. Mit seiner Hilfe finden wir auf der Stadtkarte einen Abzweig auf unseren Wanderpfad.

Es ist heiß und sonnig und es gibt sehr wenig Schatten und es geht ständig bergauf. Die beiden ersten Etappen auf unserer Wanderung sind gleich wieder die körperlich anspruchsvollsten.

Als wir auf einer Wiese Rast machen, werden wir von einem deutschen Pilger angesprochen, der sich auf dem Weg von Rosenheim bei München nach Santiago befindet. Jetzt ist das auf einem Pilgerpfad durchaus nichts Ungewöhnliches, dieser Mann aber hatte bereits gut 1500 Kilometer zurückgelegt und noch mal genauso viele Kilometer vor sich. Er erzählt uns, dass er nur einen ca. 7,5 kg schweren Rucksack trägt und oftmals in seinem Biwakschlafsack im Freien übernachtet. Pro Tag legt er 40 – 45 Kilometer zurück, beginnt in den frühen Morgenstunden und läuft bis in die Abendstunden, ein ganz außerordentliches Pensum für einen Herrn seines Alters. Er hatte gerade seinen 65. Geburtstag gefeiert. Er hat uns seine Homepage-Adresse gegeben und so werden wir seinen weiteren Weg im Internet verfolgen. Wir taufen ihn in unserem Sprachgebrauch den „Rosenheim Cop", weil er ja aus Rosenheim stammt.

Wir aber schwächeln. Die ungewohnte sommerliche Wärme und das für norddeutsche Verhältnisse ungewohnte Höhenprofil zehren sehr an unserer Kondition. Da wir uns nicht gleich auf der allerersten Etappe total verausgaben wollen, suchen wir bereits in Montbonnet nach einem Quartier. In dieser Region wandern, ganz besonders an den Wochenenden, viele Einheimische, die dann in den einfachen „Gîtes d'Etape" ihre Unterkunft vorbestellt haben. In Frankreich werden diese einfachen Quartiere von den Pilgern genutzt, spezielle Pilgerbetten, so wie in Spanien sind hier nicht üblich. Hier weichen die Gepflogenheiten auf den französischen Jakobswegen in einem ganz wesentlichen Punkt von denen des spanischen Camino de Santiago ab. Während es in Spanien unmöglich ist, eine Reservierung vorzunehmen, ist es in Frankreich geradezu angeraten, dies zu tun. Wir haben nichts bestellt, hatten wir doch eigentlich vor, bis nach St. Privat d'Allier zu gehen. In dieser Herberge gibt es nur noch ein freies Bett, wir aber sind zu viert. Der Wirt telefoniert mit einer Kollegin ein paar Dörfer weiter und sagt uns, dass wir an der Straße bei der Snackbar von „Karine" mit dem Auto abgeholt werden würden und am nächsten Tag wieder zu der gleichen Stelle zurück gebracht werden würden. Bei der Snack-Bar wartet auch die Französin mit dem Karren, auf dem sie ihren kleinen Hund unter einem Sonnenschirm und ihr Zelt transportiert. Wir haben sie mit ihrem Gefährt heute schon ein paar Mal überholt. Auch unser Rosenheim-Cop gönnt sich in der Snackbar eine Brotzeit, da wir ihn bei seinem Tempo vermutlich nicht mehr auf dem Weg treffen werden, verabschieden wir uns von ihm und fahren dicht gedrängt im Minivan in unser Bauernhaus nach St. Jean-Lachalm, wo immer das ist. Das alte Bauernhaus ist sehr urig und trotzdem fühlen wir uns darin nicht so ganz wohl, denn auf diesem Bauernhof dürfen die vielen Hunde und Katzen machen, was sie wollen und diese Tiere sind überall. Auch als wir dann später im Garten essen, werden wir ständig von den Tieren angebettelt. Einer der Hunde hat Läuse und deshalb verbannt die Französin mit dem Karren ihren kleinen Hund gleich ins Zelt.

MONTBONNET 13. JUNI 2009
(ST. JEAN-LACHALM) - SAUGUES

Diese Landschaft ist wirklich herrlich. Wir kommen jetzt durch Wälder und unser Weg befindet sich auf 1200 Höhenmetern. In St. Privat d'Allier hätte ich mich gern etwas länger aufgehalten. In dieser Region werden sehr viele sportliche Aktivitäten angeboten, wie Radsport und im und am Fluss dann auch Rafting und Canyoning.

Na ja, uns werden auch ziemliche sportliche Leistungen abverlangt, denn wir müssen den tiefen Canyon, den das Flüsschen Allier in das

Gestein gegraben hat, überwinden. Die Wege sind sehr eng und steil, erst von 1200 Meter runter auf 600 Höhenmeter in die Schlucht und dann wieder hoch auf 1050 Meter. Da fühlt man sich, als wäre man ein paar Mal durch die Sauna gezogen worden. Warm und sonnig ist es auch heute und wir können diese großartige Landschaft gar nicht genug bewundern, trotz der Anstrengungen, die dieses Höhenprofil mit sich bringt. Der Ort Monistrol d'Allier, wieder in einer tiefen Schlucht gelegen, scheint ganz nett zu sein und am liebsten wäre ich für heute hier geblieben. Aber in Saugues haben wir eine Reservierung für die Herberge, die gilt bis 18.00 Uhr. Nach unseren Berechnungen müsste man das locker hinkriegen, dass wir bis zu dieser Zeit dort eintreffen. Anja und Volker sind ja mehr als zwei Jahrzehnte jünger und fitter als wir und deshalb schon weit vor uns unterwegs.

Müssen wir da wirklich rauf?? Auf halber Höhe der Schlucht ist eine kleine Kapelle in den Fels eingebaut. Hier legen wir eine kleine Pause ein und ruhen uns auf den von der Sonne gut durchgewärmten Stufen aus. Anschließend hangeln wir uns an einem Führungsseil und über Holzbohlen rauf bis zum oberen Rand der Schlucht. Es ist schon Nachmittag und bis 18.00 Uhr schaffen Gerd und ich es auf gar keinen Fall bis Saugues und dann verlaufen wir uns auch noch. Zurückgehen kommt auf gar keinen Fall in Frage. Unser Wanderführer hat auch immer einen kleinen Kartenausschnitt von der Umgebung und so suchen wir uns unseren eigenen Pfad. Zwischendurch wäre ich durchaus bereit gewesen, ein Taxi zu benutzen, wenn doch nur eines des Weges gekommen wäre. Wir haben weit und breit keine Menschen angetroffen und schon erst recht kein Taxi. Als wir dann auf der Straße, die wir als eine Abkürzung erkennen, gehen, sagen wir uns, jetzt brauchen wir das Taxi auch nicht mehr und die letzten vier Kilometer schaffen wir noch so.

Saugues liegt in einem Tal und da müssen wir jetzt auch noch wieder runter, es bleibt einen doch nichts erspart. Als wir nach 19.00 Uhr in der Herberge ankommen, ist mir nur noch übel von der Anstrengung und an eine Mahlzeit gar nicht zu denken. Aber erst mal duschen und dann sehen wir weiter. Und siehe da, es klappt wieder mit dem Essen.

Das ist übrigens ganz köstlich und obwohl wir so spät eingetrudelt sind, bekommen wir gerade noch etwas ab. Anja und Volker sei Dank! Die Beiden haben für uns Essen und Betten reserviert, sonst wäre das um diese Zeit gar nichts mehr geworden. Diese ganze Vorreserviererei ist uns zu unflexibel, wir werden in unserer Spontanität ausgebremst und deshalb werden wir zukünftig möglichst darauf verzichten.

Hatten wir nicht gesagt, wir wollen uns nicht verausgaben und was haben wir heute gemacht?? Wir sind völlig fertig!

Wir haben auf dieser Etappe die vulkanische Landschaft des Velay verlassen und befinden uns jetzt in der Margeride, einem kargen, durch Granitfelsen geprägten, Gebirge.

SAUGUES – LE SAUVAGE 14. JUNI 2009

Ganz schaurige Todesfälle haben sich in der Zeit zwischen den Jahren 1764 und 1767 in dieser abgelegenen Gegend ereignet. Innerhalb dieses Zeitraumes gab es 102 Tote, ausschließlich Frauen und Kinder, die grausam verstümmelt waren. Dieses Morden gab es nachweislich und es entstammt nicht dem Bereich der Legende oder der Fantasie.

Es gab angebliche Augenzeugenberichte, denen zufolge ein riesengroßer Wolf diese Menschen zerriss. Der Bischof versuchte eine Erklärung für diese Heimsuchung zu finden. Er warf der Bevölkerung vor, sie hätten sich den Zorn Gottes zugezogen, weil sie so sündhaft gewesen seien. Gerade hilfreich waren die Anschuldigungen des Bischofs nicht, für Menschen in so einer extremen Bedrohungslage.

Der König Ludwig XV. war ein Mann der Tat und des politischen Kalküls, er schickte eine Dragonereinheit und seine Hofjäger, die für ein respektables Kopfgeld die Bestie erlegen sollten. Auf diese Weise konnte er die Bevölkerung beruhigen und hatte gleichzeitig Militär in der Gegend, was ihm politisch sehr gelegen kam. Nachdem das erste Kopfgeld ausgezahlt war, ging das Morden aber weiter. Drei Jahre nach dem ersten Todesfall wurde ein weiteres riesiges Tier erlegt und angeblich hörte die Plage daraufhin auf.

Im Zusammenhang mit diesen toten Frauen und Kindern wirft sich die Frage auf, ob es tatsächlich Wölfe waren, der die Menschen in Angst und Schrecken versetzt hatte. Vielleicht war es ja auch ein Massenmörder??? Dieses Biest von Gévaudan (Bête du Gévaudan) heizt seitdem die Fantasie und Neugierde der Autoren und Regisseure, der Wissenschaftler und Kriminologen an. In dem Ort Saugues erinnert ein riesiges Wolfsungeheuer aus Holz an diese Begebenheit.

Heute treten wir dann mal etwas kürzer. Die Schwierigkeit der beiden vergangenen Tage war nicht die Länge der Strecke, sondern es waren die gravierenden Höhenunterschiede. Der Himmel heute ist leicht bedeckt und dadurch ist es nicht zu warm. Wir verzichten auf das Frühstück in der Herberge und gehen schon früh los. Diese Frühstückerei in den Herbergen kostet sehr viel Zeit, weil man meistens nicht vor 7.30 oder 8.00 Uhr sein Frühstück bekommen kann. Nicht, dass wir in Eile wären, aber wenn der Tag sehr heiß ist, ist es sinnvoll, morgens möglichst in der Kühle aufzubrechen, so haben wir es jedenfalls in Spanien gehalten und sind gut damit gefahren.

Die Höhendifferenz beträgt an diesem Tag nur 250 Meter, das ist ganz moderat und gut für die Gelenke. Was nicht besonders gut für die Gelenke ist, sind die vielen Asphaltstraßen, die wir oft benutzen müssen. Wir marschieren auch über viele Feld- und Waldwege. In Frankreich ist Wandern ein Volkssport und weil heute Sonntag ist, sind die Wälder voll mit Wandergruppen, die per Bus zu den Ausgangspunkten gebracht und am Ziel dann wieder abgeholt werden.

Dass wir unsere 10 – 12 kg schweren Rucksäcke selber tragen, löst bei den Franzosen eine gewisse Belustigung und Ungläubigkeit aus. Wahrscheinlich halten sie uns für ein bisschen GaGa, weil wir nicht den Gepäckservice nutzen. „Bon Courage!!", haben wir deshalb gelegentlich gehört, was das jetzt aber mit Courage zu tun haben soll, ist uns unklar. Für unser Etappenziel Le Sauvage haben wir keine Reservierung für unsere Betten gemacht. Wir wollen uns nicht so knebeln lassen. Außerdem sind wir uns ziemlich sicher, dass es eine

Lösung geben wird, sollten einmal alle Betten belegt sein.

Unterwegs treffen wir auf einen französischen Wegbegleiter, einen Imker aus Lyon. Er fragt mich zunächst auf Französisch: „Si tu connais Lyon??" Und ich antworte ihm: „Oui, la gare." Da lachen wir uns erst mal kaputt und danach unterhalten wir uns dann doch überwiegend auf Englisch. Es ist uns aufgefallen, dass sich die Franzosen inzwischen viel mehr Mühe mit Fremdsprachen geben, als in früheren Zeiten. Ups, der Mann macht es sich ja einfach, er lässt sich von seiner Madame den Berg hochziehen. So sieht es zumindest im ersten Augenblick aus. Beim zweiten Blick wird klar, dass dieser Mann blind ist und sich am Rucksack seiner Frau festhält, um Orientierung zu haben. So zu wandern ist eine geniale Idee und die beiden schaffen auf diese Weise selbst die unwegsamsten Pfade und legen dabei ein ziemliches Tempo vor. Alle Achtung!!

Unser Ziel, Domaine du Sauvage, das alte Gut des Templerordens aus dem 13. Jahrhundert liegt eingebettet in Feldern und Wiesen vor uns, als wir den Wald verlassen. Es sieht schon eindrucksvoll aus und andere Gebäude als die des Gutes gibt es weit und breit nicht. In den Gebäuden sind die Pilgerunterkünfte, Küchen und Waschräume und Waschmaschinen untergebracht. Es gibt riesig große Feuerstellen in den Hallen, es wirkt alles sehr urig und interessant. Auf den Weiden, die die Gebäude umgeben steht sehr viel Viehzeug und deshalb gibt es hier ein großes Problem mit Mücken, Fliegen und so weiter. Im Schlafraum finden wir einen Zettel in französischer Sprache, worauf darum gebeten wird, aus diesem Grunde die Fenster verschlossen zu lassen. In diesen ländlichen Regionen sind diese Quälgeister eine echte Last und ich habe mir schon überlegt, ob ich mich nicht mit Nachrüstsätzen für Fliegenfenster in Frankreich selbständig mache, müsste ein gutes Geschäft werden!

Die Herbergsleute tun sich nicht gerade durch eine übergroße Freundlichkeit hervor. Unser Abendessen müssen wir uns hier selber kochen und zu diesem Zweck werden in der Pilgerherberge um 17.00 Uhr Lebensmittel verkauft. Vermutlich hatten wir Instant-Nudeln erwischt und diese nicht nach der Packungsanweisung gekocht. Die Masse auf unseren Tellern ist teilweise matschig, teilweise nicht gar. Eine interessante Erfahrung, die Zubereitung dieser Nudeln bleibt mir allerdings ein Rätsel. Aber, wie sagt man so schön: „Der Hunger treibt es rein!"

LE SAUVAGE - LES ESTRETS 15. JUNI 2009

Die ungewohnte Wärme auf der Via Podiensis hatte uns bisher ziemlich zu schaffen gemacht. So können wir z. B. auch nicht in dem sonst gewohnten Tempo unterwegs sein. Wir wollen deshalb heute nicht bis Aumont Aubrac, das bedeutet 28 Kilometer, gehen, sondern verkürzen heute unsere Tagesetappe auf 20 Kilometer, also nur bis Les Estrets.

Anja und Volker wollen den Weg noch bis St.-Jean-Pied-de-Port in den Pyrenäen gehen und wenn sie ihr Pensum schaffen wollen, müssen sie längere Etappen machen. Das bedeutet, dass sie nach Les Estrets noch acht Kilometer weiterlaufen werden, aber vielleicht treffen wir ja in zwei Tagen wieder zusammen, für den Fall, dass Gerd und ich unsere Tagesleistung steigern.

Zunächst ist es ein wenig trübe, als wir gemeinsam durch die großen Waldgebiete marschieren und den höchsten Punkt der Via Podiensis, den Col de l'Hospitalet auf 1304 Meter Höhe, überqueren. In dieser Region gibt es etliche Quellen, Brunnen und Kapellen, die verschiedenen Heiligen gewidmet sind. Diesen Heiligen werden gesundheitliche Wunder zugeschrieben. Die Quelle in Le Villeret d'Apchier soll mit Hilfe des Sankt Petrus von Augenleiden befreien und ein weiterer Heiliger, der in dieser Region große Verehrung erfährt ist St. Roch, ein Pestheiliger, dem auch an anderen Stellen des Jakobsweges Kapellen gewidmet sind.

Im tiefen Mittelalter, im 12. Jahrhundert, wurden verschiedene Handschriften zum Thema Jakobspilgern gesammelt. Die lateinische Bezeichnung ist „Liber Sancti Jacobi" oder auch „Codex Calixtinus". Diese Handschriften wurden verfasst oder gesammelt von einem Geistlichen, der vielleicht auch selbst Pilger war, mit Namen Aymeric Picaud. Dieses Buch ist, salopp gesagt, ein mittelalterlicher Pilgerführer, auch wenn in diesen fernen Zeiten die wenigsten Menschen lesen und schreiben konnten und die Nutzung für die Allgemeinheit nur sehr eingeschränkt möglich gewesen sein dürfte. Selbst so privilegierte Personenkreise wie der Adel hielten es für unnötig, sich mit Lesen und Schreiben zu befassen.

In den fünf Teilen dieser Handschriften sind zusammengefasst:

Predigten, Gebete und Anweisungen, wie sich der Pilger auf den Weg zu begeben hat.

Erzählungen über Wunder, die sich auf dem Weg ereignet hatten.

Der Bericht über die Überführung des Apostelleichnams nach Galicien.

Erzählungen über die Schlachten Karls des Großen.

Für den Pilger die wichtige Beschreibung der verschiedenen Wege nach Santiago de Compostela.

Das mittelalterliche Pilgerlied „Dum Pater familias", das in Text und Melodie erhalten geblieben ist, stammt aus dem Anhang des Codex Calixtinus.

Da die Verfasser/Sammler vermutlich Franken waren, sind die französischen Bedingungen besonders gut und eindrucksvoll beschrieben. Es werden die fremden Völker und Gefahren beschrieben, besonders schlecht kommen die Basken und die Einwohner Navarras weg, die als hinterhältig und verwegen beschrieben werden. Im Pilgerführer wird ganz ausdrücklich darauf hingewiesen, welche Heiligtümer und Gräber von Heiligen auf der Wallfahrt unbedingt zu besuchen sind und da kommen einige Besuche zusammen. Ansonsten haben im Laufe der Jahrhunderte unterschiedliche Geistliche diese Handschriften bearbeitet, was die wissenschaftliche Würdigung dieses Werkes erschwert.

Doch zurück in die Gegenwart.

Im Wald in der Nähe des Weges finden wir eine merkwürdige Hütte aus kleinen Baumstämmen, Reisig und Moos. Die Tür ist halb offen und so werfen wir mal einen Blick hinein. Innerhalb der Hütte befindet sich ein zusammengezimmertes Holzbett. Es sieht aus, als hätte sich hier ein Einsiedler niedergelassen, der aber gerade nicht zu Hause ist. Vor der Hütte gibt es einen abgesägten Baumstumpf, der vermutlich als Sitzgelegenheit genutzt wird. Auf der Internetseite von unserem „Rosenheim-Cop" werden wir dann später lesen, dass er hier übernachtet hat. Bei einem kräftigen Regenguss dürfte diese Hütte allerdings keinen großen Schutz bieten.

Les Estrets ist ein kleines hübsches Dorf und die Gîte d'Etape ist wirklich sehr ansprechend. Wir verabschieden uns vorerst von Anja und Volker und lassen den Tag bei einem sehr guten rustikalen Essen in der Gîte ausklingen, denn eine Bar oder ein Restaurant gibt es in diesem Ort nicht, was in diesem Fall kein Nachteil ist.

LES ESTRETS - FINIEYROLS 16. JUNI 2009

Auf der gestrigen Tour habe ich mir eine Riesenblase an der Ferse zugezogen. Gerd hat drei große Pflaster gebraucht, um mich zu versorgen. Jetzt humpele ich erst mal, kann die Strecke aber sonst sehr gut bewältigen. Es sind 22,7 Kilometer zu laufen, bei schönstem Sonnenschein und wir haben auch die Landschaft Margeride hinter uns gelassen und befinden uns jetzt im Aubrac. Dieser Höhenzug fällt zum Lottal sehr steil ab, von 1300 Meter auf ca. 300 Höhenmeter. Der Rother-Wanderführer lässt sich fast überschwänglich über das liebliche Tal des Flusses Lot aus. Der Fluss mäandriert sehr stark und mit seinen Schleifen umschließt er Städte wie Livinhac-le-Haute und Cahors und er hat sich tief in die Hochebenen hinein gegraben. Und es scheint unser Schicksal zu sein, dass wir immer wieder in tiefe Canyons hinabsteigen müssen, aber, wie Gerd feststellt, unsere

Kondition entwickelt sich positiv.

Das Aubrac war in den Zeiten des Mittelalters eine sehr gefürchtete Region, weil sich Räuberbanden in den tiefen Wäldern verbergen konnten, die den Pilgern nach Gut und Leben trachteten. Dieses Problem ist im Laufe der Jahrhunderte außerordentlich gründlich gelöst worden, denn von großen geschlossenen Waldflächen kann keine Rede mehr sein. Die Bergkuppen sind überwiegend kahl und hier im Aubrac weiden die schönsten Rinder Frankreichs. Das ist kein Spruch, die milchkaffeebraunen Kühe, mit den langen Wimpern, sind wirklich von ausgemachter Schönheit.

Wir wandern schließlich fast überwiegend über die Weiden und öffnen unzählige stacheldrahtbewehrte Gatter, die wir hinter uns wieder schließen. Die Wander- und Wirtschaftswege führen über weite Strecken zwischen halbhohen Feldsteinmauern hindurch. Felsen und Granitsteine gibt es hier außerordentlich reichlich und von beachtlicher Größe. Außerdem sind die Hänge mit Gelb blühendem Ginster geradezu übersät. Es gibt zuweilen auch Wasserläufe und Bäche zu queren und kurz vor unserem Etappenziel ist es dann auch einmal schief gegangen. In den Bachlauf hat man ein paar Felsbrocken als Trittsteine hineingelegt. Ein sehr großer und hoher Trittstein als erster und dann folgen die sehr viel niedrigeren und kleineren Steine im Wasser. Gerd hat es bereits an das andere Ufer geschafft und jetzt versuche ich es. Den ersten Trittstein erwische ich noch, aber mit dem zweiten Bein lande ich im Bach. Ich lasse mich mit dem Popo auf den großen Stein fallen und komme jetzt nicht mehr von der Stelle, weil das Gewicht von meinem Rucksack mich nach hinten zieht. Jetzt kommen unsere Trekkingstöcke zum Einsatz. Gerd reicht mir die Stöcke über den Bach und ich ziehe mich daran in die stehende Position und so kann ich das Wasser überqueren. Während wir im Velay und in der Margeride noch viele Wanderer und Wandergruppen angetroffen haben, so ist es hier im Aubrac fast menschenleer. Nur vereinzelt begegnen uns andere Leute. In der Gîte ist dann zunächst große Wäsche angesagt und weil es sonnig und windig ist, kriegen wir alles trocken.

Unser Abendessen ist ein echtes Erlebnis und leider haben wir unsere Kamera auf dem Zimmer, als dieses Gericht serviert oder besser gesagt zelebriert wird. Es gibt „Aligot". Das ist eine Spezialität des Aubrac und ein traditionelles Pilgeressen. Ich hatte davon gelesen und dieses Gericht wollte ich mir auf gar keinen Fall entgehen lassen. Die Wirtin erscheint mit einen großen Topf, aus dem sie mithilfe eines Kochlöffels eine teigige Masse etwa einen Meter weit herauszieht. Dieses Produkt sieht aus wie ein dünner Strudelteig und alle Gäste sind begeistert und applaudieren und fotografieren. Die Köchin verteilt daraufhin diese Masse auf die Teller, auf denen das Gericht gummiartig zusammenschrumpft. Dazu wird Wildschweinkeule gereicht.

Ich wäre nicht ich, wenn ich mir nicht das Rezept besorgt hätte, gekritzelt auf eine Serviette und hier ist es:

ALIGOT

1,5 kg mehlig kochende Kartoffeln
600 g Tomme (das ist der spezielle Aubrac-Käse, eine Französin hat mir gesagt, dass unbedingt darauf zu achten ist, dass es ganz junger Tomme sein muss)
300 g Crème Fraîche (manche Rezepte enthalten außerdem noch Butter)
1 – 3 Knoblauchzehen (können auch weggelassen werden)
Frisch geriebene Muskatnuss
Frisch gemahlener Pfeffer
Salz

Die Kartoffeln kochen und durch eine Kartoffelpresse drücken. Den Käse in dünne Scheiben schneiden und zusammen mit der erhitzten Crème Fraîche Stück für Stück unter die Kartoffelmasse rühren, gepressten Knoblauch hinzufügen und dann Luft unter die Masse schlagen, bis diese Masse Fäden zieht. Das Aligot abschmecken.

Dieses Gericht erfordert einen großen körperlichen Einsatz der Köchin und wie man auf den ersten Blick erkennen kann: ein wahres

Diätessen!!! Diese Pilgerspeise liegt schon etwas schwer im Magen und wir brauchen etliche Cognacs um dieses Aligot zu verdauen!

FINIEYROLS - ST. CHÉLY D'AUBRAC   17. JUNI 2009

Ob unsere Tour heute bis zu dem Weiler Aubrac oder bis nach St. Chély d'Aubrac geht, das wollen wir erst unterwegs entscheiden. Ab Aubrac erwartet uns nämlich ein ziemlich steiler Abstieg und wir wissen noch nicht, ob wir uns den heute schon antun wollen. In Nasbinals wird es Zeit für unser Frühstück. Wir genießen es sehr, wenn wir beim Bäcker diese oberleckeren Rosinenschnecken bekommen können, dazu einen Milchkaffee, der perfekte Start in den Tag. Dazu draußen in der Sonne sitzen, besser geht es nicht. Irgendwann muss man dann doch weiter und zunächst geht es kilometerweit über schattenlose Weiden und die Sonne brennt nur so vom Himmel. Gerd kriegt sich fast nicht wieder ein, als ich mitten auf einer Weide im prallen Sonnenschein mit holländischen Wanderern ein längeres Schwätzchen halte. Und wieder gilt es Gatter aufmachen, Gatter zumachen oder über die Gatter-Durchstiege klettern und mit den Kühen auf Du und Du sein. Gerd stellt fest, dass diese Kühe doch eine ganz schöne Größe haben, wenn man so direkt mit ihnen die Weide teilen muss. Aber die Rindviecher haben sich nicht weiter um uns gekümmert, außer, dass sie uns einmal den „Ausgang" verstellen und wie bewegt man die Schönheiten, beiseite zu treten, nur weil man mal die Weide verlassen möchte? Wir schaffen es dennoch.

Der klitzekleine Flecken Aubrac ist eine touristische Stätte, mit Herberge, Kloster, Kirche und Gasthaus. Hier machen wir erst einmal Rast und da es früher Nachmittag ist, entscheiden wir uns, die ersten 500 von den insgesamt 1.000 Abstiegsmetern in Angriff zu nehmen. Zunächst sind uns ganz grandiose Ausblicke in die Landschaft möglich, dann klettern wir durch eine Lavaschlucht zu der Schlossruine von Belvezet. Weiter geht es dann sehr viel schattiger durch den Wald, auf ausgesprochen steinigen Pfaden, bis nach St. Chély d'Aubrac. Der schattige Waldweg umhüllt uns, fast wie in einem grünen Tunnel. Der Abstieg ist außerordentlich kräftezehrend und bei der ersten Gîte, die sich in unserem Zielort zeigt, versuchen wir Quartier zu bekommen. Und wen sehen wir da auf der Terrasse stehen? Es ist Anja! Wir haben die Beiden also wieder eingeholt. Die Gîte St. Andre ist bereits ausgebucht und so bekommen wir im Ort, in der hervorragenden kommunalen Gîte, die letzten beiden Betten. Gerd schreibt, dass wir endlich eine Unterkunft haben ist gut, denn nach 27 Kilometern und 500 Höhenmetern Abstieg haben wir nur noch das Bedürfnis anzukommen. Zum selber kochen haben wir keine Meinung und deshalb gönnen wir uns im benachbarten Restaurant ein hervorragendes Menü. Ich vermerke in unserem Tagebuch, dass uns dieses Essen vermutlich eine knackige Rechnung bescheren wird. Stimmt!

Frankreich ist das Land der „Mouches", diese lästigen Fliegen nerven auch im Restaurant und das bestärkt mich nur noch in meiner Geschäftsidee: Fliegenfensternachrüstsätze für Frankreich!

ST. CHÉLY D'AUBRAC - ESPALION   18. JUNI 2009

Es ist etwas lästig, wir wissen genau, dass es jetzt noch etwa 500 Meter abwärts geht und trotzdem müssen wir immer wieder Anstiege bewältigen, die dann später wieder in einen Abstieg münden. So wie jetzt, kurz hinter St. Chély, geht es beständig bergauf, um dann wieder auf steinigen Pfaden abwärts zu führen. Ich bin sehr froh darüber, dass wir uns dafür entschieden haben, diesen 1000-Meter-Abstieg zum Lot-Tal in zwei Etappen zu bewältigen, denn die Gelenke werden außerordentlich strapaziert. Es ist immer noch sehr heiß, aber wir haben in den Wäldern guten Schatten, müssen dafür aber höllisch aufpassen, wohin wir treten.

Einige Kilometer vor unserem Etappenziel treffen wir in der einzigen Bar weit und breit Anja und Volker. Gemeinsam setzen wir dann unseren Weg fort. Bei dem Ort St.-Côme-d'Olt, einem mittelalterlichen bezaubernden Städtchen, treffen wir erstmals auf den Fluss Lot. Bettina Forst, die Autorin des Wanderführers beschreibt dieses Dorf als eine der schönsten Ortschaften in Frankreich. Wir befinden uns jetzt in dem lieblichen Vallée du Lot. Dieser Fluss oder besser dieses Flusstal gestaltet bis Cahors unser Streckenprofil.

Wir entscheiden uns für die Route, die direkt am Fluss entlang führt und genießen so den Schatten der hohen Bäume und die Kühle des Wassers. Am Wasserlauf sind überall Warntafeln aufgestellt, sogar in deutscher und englischer Sprache, was auf die Wichtigkeit der Mitteilung schließen lässt. Es werden Badende vor plötzlich auftretenden Hochwasserwellen gewarnt. Unsere Routenwahl hat leider den Nachteil, dass wir die schöne Kirche „Eglise de Perse" und weitere wunderschöne Ausblicke auf Espalion nicht zu sehen bekommen, denn zu diesem Zweck hätten wir wieder einen Aufstieg meistern müssen und wir sind einfach nur noch müde.

Wie dieses Städtchen Espalion da so in der Abendsonne am Flusslauf liegt, das erinnert mich doch sehr stark an den Roman von Patrick Süskind, „Das Parfüm". Genauso stelle ich mir die uralten Gerberhäuser vor, wie er sie in seinem Roman beschreibt.

ESPALION - FONTEILLES 19. JUNI 2009

Kurz hinter Espalion wird es gleich wieder außerordentlich schweißtreibend. Der Wanderführer vermerkt lapidar, „hinter der Eglise de St. Pierre kurzer, steiler Anstieg, der bei nasser Witterung sehr glitschig sein kann." Glitschig bin ich und zwar schweißnass am ganzen Körper. Als wir endlich oben sind, müssen wir unsere Handtücher aus dem Rucksack holen und uns trockenlegen. Wir haben an dem heutigen Tag noch mehr solche Aussichten auf Anstrengung. Was lobe ich mir da doch unsere platte norddeutsche Heimat. Gerd und ich werden heute jedenfalls nicht die 30-Kilometer-Route bis nach Golinhac gehen, sondern vorher in Fonteilles, nach 20 Kilometern, aufhören. Anja und Volker wollen weiter gehen und so trennen sich wieder unsere Wege.

Der Name eines Dorfes am Weg erregt unsere Aufmerksamkeit, das Dorf „Estaing". In dem Schloss dieses mittelalterlichen Ortes war die Familie d'Estaing zuhause. Von den Kreuzzügen mit Richard Löwenherz bis zur französischen Revolution waren Mitglieder aus dem Hause d'Estaing an den Geschicken Frankreichs beteiligt. Wir haben allerdings nicht dieses alte Adelsgeschlecht im Hinterkopf, sondern den Namen Giscard, Valéry Giscard d'Estaing, ehemaliger Staatspräsident von Frankreich. Wie wir erfahren, wurde dieser Adelstitel 1922 von der Familie Giscard gekauft.

Hinter Estaing folgt der Jakobsweg einer Asphaltstraße entlang des aufgestauten Flusses. Gerd und ich sind weder Biologen noch Chemiker, aber dass dieser Fluss hier ein ganz erhebliches Sauerstoffproblem hat, können wir ganz deutlich erkennen. Nicht nur an der trüben Brühe, sondern auch an den Fischen, die stumpfsinnig im Wasser dümpeln und nach Luft schnappen. Es sind sogar ziemlich große Fische dabei und wenn man Steine ins Wasser wirft, bewegen sich diese Fische nur sehr träge.

Als der Pfad dann wieder in den Wald abzweigt, geht es steigungsmäßig wieder voll zur Sache. Ich brauche es nicht extra zu sagen, schweißtreibend eben, was denn sonst. Es hat sich bewölkt und jetzt regnet es sogar. Wir holen erst gar nicht unsere Regencapes aus dem Rucksack, denn wir genießen jeden Regentropfen, der erfrischend auf unsere Haut fällt und dabei beschlagen unsere Brillengläser.

Die Gîte von Fonteilles liegt etwa 200 Meter von der Straße entfernt und wir haben es exzellent getroffen. Es ist mehr ein kleines Landhotel als eine Herberge. Gegen 18.00 Uhr kommen noch zwei weitere Gäste und mehr Gäste werden wir für heute nicht. Wir wohnen in einem uralten Landhaus aus Granitsteinen, das sehr schön renoviert ist und werden mit allem, was Keller und Küche zu bieten haben, verwöhnt. Die beiden anderen Gäste sind Miriam und Bea aus dem Wallis (Schweiz), die an diesem Tag ihre Pilgerwanderung in Espalion wieder aufgenommen haben. Sie wandern jedes Jahr gemeinsam für eine Woche, solange, bis sie in Santiago ankommen werden. Sie hoffen, dass sie das bis zu ihrer Pensionierung schaffen werden.

Unser Wirt, Jean-Claude, versucht uns klarzumachen, dass es einen kürzeren und „flacheren" Weg nach Conques gibt, als die offizielle Wanderroute. Er zeigt sie uns auf der Karte, wir sind trotzdem skeptisch. Haben wir auch alles richtig verstanden und finden wir den Weg, so wie er meint. Vor allem, nachdem er uns von den vier Kroaten erzählt, die er auch auf diesen Weg geschickt hatte und die dann auf einmal wieder bei ihm, Stunden später, auf der Matte standen. Er zeichnet uns den Weg auf, 25 Kilometer sagt er und nicht 31 Kilometer, wie im Wanderführer beschrieben. O.k., o.k., wir probieren es! Wir verbringen einen sehr unterhaltsamen Abend zusammen, haben viel Spaß und fotografieren uns gegenseitig. Er erzählt uns, dass er immer die Pilger unten auf der Straße beobachten kann, wie sie da teilweise bei heißem Wetter nur noch die Straße hoch gekrochen kommen. Seine siebenjährige Enkelin hat die Pilger, die ihren Rucksack selber schleppen „Bagagisten" genannt, Gepäckträger.

FONTEILLES – CONQUES 20. JUNI 2009

Der Frühstückstisch bricht fast unter der Last der Speisen zusammen. Dieses Frühstück ist völlig untypisch für Frankreich, weil es so ungewöhnlich viele Speisen und Getränke gibt und alles in bester Qualität. Wir sind von dieser Unterkunft, von der Umgebung und von unserem Wirt außerordentlich angetan.

Nach den Abschiedsfotos machen wir uns zusammen mit den Schweizer Mädels auf den Weg und gehen zusammen die Abkürzung. Das Gebiet, durch das wir jetzt wandern, ist sehr bewohnt und wir haben uns auch auf diese Abkürzung eingelassen, weil es in bewohnten Gebieten immer wieder Straßenhinweisschilder gibt, an denen man sich orientieren kann. Bei dem Ort Espeyrac kommen wir ohnehin wieder auf die ursprüngliche Route und dann ist sowieso wieder alles in Butter. Die beiden Schweizerinnen sagen uns, dass sie eine Tradition pflegen, die darin besteht, dass sie jeweils eine Stunde am Vormittag und eine Stunde am Nachmittag schweigen und diese Zeit dafür nutzen, sich Gedanken zu bestimmten Themen des Lebens und der Umwelt zu machen. Gerd und ich lassen die beiden vorlaufen, damit wir sie nicht mit unseren Gesprächen stören und die Mittagszeit verbringen wir dann wieder gemeinsam bei einem Picknick am Brunnen in Espeyrac. Eine Pause ist auch dringend nötig, denn Bea und Miriam legen ein ganz ordentliches Tempo vor. Man merkt sehr deutlich, die sind in den Bergen zu Hause.

Wir wissen ganz genau, dass wir uns bereits in der Nähe von Conques befinden müssen, aber vom Ort sehen können wir immer noch nichts, so versteckt, in einem Seitental des Lot, liegt das Dorf und die Abtei. Dieser nicht ohne weiteres zugänglichen Lage hat es der Ort zu verdanken, dass er nicht in den Religionskriegen vollständig zerstört wurde. Außer kriegerischen Ereignissen hat die Lage am steilen Berghang in dem engen Tal dazu geführt, dass die gewaltige Pilgerkirche der Benediktinerabtei in ihrer Standfestigkeit beeinträchtigt wurde und mit baulichen Maßnahmen abgestützt werden musste.

Conques heißt „Muschel" und ist durch den Namen bereits ein Hinweis auf die Santiagopilgerschaft. Im „Liber Sancti Jacobi" wird Conques als ein Ort erwähnt, der wegen der Ste. Foy, der heiligen Fides, zu besuchen ist. Diese Heilige ist eine der wenigen Märtyrerinnen in Frankreich. Im Jahr 303 wurde sie im Alter von 12 Jahren wegen ihrer Weigerung, die Götzen anzubeten, in der Stadt Agen hingerichtet. Die Reliquien der Jungfrau wurden von der Stadt Agen nach Conques, sagen wir es mal freundlich, überführt, dies geschah sicherlich nicht ganz freiwillig von Seiten der Stadt Agen. Karl der Große soll nicht ganz unbeteiligt daran gewesen sein. Für das Kloster Conques bedeutete der Besitz dieser Reliquie einen ganz enormen Aufstieg und so wurde Conques ab dem 8. Jahrhundert zum wichtigen Ziel für die Santiagopilger.

Hier der Auszug aus dem „Liber Sancti Jacobi":

„Die Burgunder und Deutschen, die über die Straße von Le-Puy nach Santiago ziehen, müssen das Grab der hl. Jungfrau und Märtyrerin Fides besuchen. Sie wurde von Henkern auf dem Berg der Stadt Agen enthauptet, dann brachten Engelchöre ihre heiligste Seele in Form einer Taube zum Himmel und schmückten sie mit dem Lorbeer der Unsterblichkeit. Als der Bischof der Stadt Agen, der hl. Caprasius, dies sah – er hielt sich, um den grausamen Verfolgungen zu entgehen, in einer Höhle verborgen – eilte er, von dem Gedanken an ein eigenes Martyrium beseelt, an den Leichnam der seligen Jungfrau. Dort verdiente er sich in einer mutigen Schlacht den Lohn des Martyriums, indem er sogar seine Verfolger der Langsamkeit bezichtigte. Der kostbare Leichnam der hl. Jungfrau und Märtyrerin Fides wurde in einem Tal, das gemeinhin Conques heißt, von den Christen ehrenhaft beigesetzt; über dem Grab errichteten sie eine schöne Basilika, in der bis heute zum Ruhme des Herrn die Benediktregel unverändert befolgt wird. Dort erfahren Gesunde und Kranke zahlreiche Wohltaten. Vor den Toren der Basilika sprudelt eine Quelle, deren Wunderkraft unbeschreiblich ist. Das Fest der hl. Fides wird am 6. Oktober begangen."

Durch den Pilgerstrom wurde der Bau einer Kathedrale notwendig, die sich in Teilen bis heute erhalten hat. Auf dem Tympanon (Schmuckfläche über Portalen) aus dem 12. Jahrhundert. stellt der Künstler das Jüngste Gericht in der Weise dar, wie es im Mittelalter üblich war. Dieses Kunstwerk ist sehr detailreich, es sind 124 Personen dargestellt. Alle Einzelheiten so zu erkennen ist schwierig und Gerd und ich haben festgestellt, dass man dafür doch ein sehr geschultes Auge braucht. Dieses Tympanon gehört zu den besterhaltenen Meisterwerken der romanischen Kunst. Heute befindet sich dieses Kunstwerk außen an der Kathedrale auf der Westseite, früher befand es sich einmal im Innenraum der Basilika.

Conques ist ein sehr spiritueller Ort und wir besuchen die Kathedrale, die im Innenraum erstaunlich schlicht gehalten ist. Wenn man hier nicht mal ein Auto sehen würde, könnte man annehmen, man befinde sich mitten im Mittelalter. Es laufen hier am Nachmittag noch sehr viele Touristen herum, das ändert sich erst in den frühen Abendstunden, wenn nur noch die Pilger und die Übernachtungsgäste im Ort sind.

Bea und Miriam haben in der Klosterherberge reserviert, wie auch Anja und Volker, die wir vor der Kathedrale wieder treffen. Gerd und ich haben keine Reservierung gemacht und sind in der kommunalen Gîte untergekommen. Zunächst sind wir ganz alleine dort, erst später am Abend kommen noch zwei weitere Personen dazu. Um 19.00 Uhr bekommt man hier in den Restaurants noch nichts zu essen und die meisten Pilger haben ihre Verpflegung ohnehin im Kloster erhalten. So nutzen wir einen noch geöffneten Laden und kaufen uns Lebensmittel für die Selbstversorgung. Eigentlich wollen wir um 20.00 Uhr zur Pilgermesse und zu dem anschließenden Konzert in die Kathedrale gehen, aber wir sind sehr erschöpft und gehen sehr früh zu Bett.

CONQUES - LIVINHAC-LE-HAUT 21. JUNI 2009

Conques liegt an der Flanke eines Tals und deshalb müssen wir erst noch eine Viertelstunde abwärts steigen, bevor es dann wieder voll zu Sache geht. Na ja, sind wir ja schon gewohnt, aber anstrengend ist es allemal. Von unseren 280 Metern müssen wir wieder auf 600 Meter hoch. Wir gehen jetzt auf einem Bergrücken und haben ganz hervorragende Ausblicke in die herrliche Landschaft. Es ist sonnig und es weht ein erfrischender Wind, aber Schatten gibt es nicht sehr viel. Wir wählen die Streckenvariante über Noailhac, denn auf dieser Route können wir die Kapelle des Pestheiligen St. Roch besuchen. Diese Kapelle hat wundervolle moderne Glasfenster, die in ihrem Blau nur so leuchten und den Raum in der kleinen Kapelle dominieren. Wir sind zunächst die einzigen Besucher, zünden eine Kerze an, tragen uns ins Gästebuch ein und gönnen uns einen Moment der Ruhe. Außen an der Kapelle ist ein Standbild des hl. Roch am Gebäude angebracht, er zeigt sein Knie, das von einer Pestbeule verunstaltet ist. Dieses Kirchlein hat eine Glocke, die man normalerweise selbst betätigen kann, aber sie ist so befestigt, dass sie keinen Ton abgibt. Wahrscheinlich haben die Leute dauernd damit rumgebimmelt.

Das erste Drittel der Etappe gehen wir nach dem Wanderführer. Der Blick auf die Karte verrät uns, dass wir sehr viele Umwege gehen müssen, folgen wir der GR 65 laut Wanderführer weiterhin. Anja und Volker beschließen, die offizielle Route zu gehen und wir versuchen uns in der Abkürzung. Der Preis dafür ist, dass wir an diesem Tag, meistens sogar, auf Asphaltstraßen gehen müssen. Als wir an der Stelle vorüber kommen, an der die offiziellen Varianten auseinander führen, treffen wir auf einen einsamen jungen Pilger mit braunem Hut, bonjours Monsieur, und biegen in unsere Abkürzung ein. Wir durchwandern jetzt die unterschiedlichsten sozialen Welten, von den schönen Villen in Hanglage bis zum heruntergekommenen Hochhaus in der Randlage von Decazeville. Ab dem Dorf St. Roch marschieren wir wieder auf der ausgewiesenen offiziellen Route.

Bisher haben wir die Erfahrung gemacht, dass der Kirchturm immer eine gute Orientierung ist, wenn man in einen fremden Ort kommt. Am Stadtrand von Livinhac ist nichts los, dann spielt sich gewiss das Leben auf dem Marktplatz ab. Livinhac-le-Haut fällt hier total aus dem Rahmen. Es ist Sonntagnachmittag und der Marktplatz ist wie ausgestorben. Die kommunale Gîte finden wir zwar, aber verschlossen. Die Bar? Auch geschlossen! Ein Hoffnungsschimmer, auf dem Schild steht, dass die Bar zwischen 16.00 und 19.00 Uhr geöffnet ist. Später in der Bar gesellt sich der einsame junge Mann von unterwegs zu uns. Es ist Humberto aus Mexiko und wie er uns sagt, könnte er eine Kuh verspeisen, so hungrig ist er. Unterwegs hätten ihn schon zwei „Swiss-Ladies" (Miriam und Bea) gerettet, indem sie ihm ihr Baguette zur Verfügung stellten. Essen wird einfach noch nicht angeboten, aber den Durst können wir wenigstens mit einem Humpen Bier löschen. Als dann die Gîte geöffnet wird, stellt sich heraus, dass noch weitere Wanderer gern etwas essen würden, wenn es nur irgendwo etwas gäbe. Wie wir dann erfahren, gibt es in Livinhac-le-Haut doch tatsächlich ein Restaurant, das um 19.30 Uhr öffnet. Die drei Französinnen, die wir unterwegs immer wieder getroffen haben, Gerd, Humberto und ich machen uns auf den Weg, um unseren Hunger zu stillen. Humberto ist sichtlich verstört über die Tatsache, dass es an einem Sonntag, an dem doch die meisten Leute frei haben, in den Ortschaften so tot ist, so etwas wäre in Mexiko völlig unmöglich.

Unser junger 20-jähriger Mexikaner aus Monterrey ist eine Frohnatur und er berichtet uns von seiner Wanderung, die er in Genf begonnen hat, dass er Jura studiert und dass er absolut den französischen Käse nicht mag und dass die Franzosen das überhaupt nicht nachvollziehen können. Damit er nicht dauernd diskutieren muss, sagt er einfach, dass er allergisch sei. Und heute hätte er statt Käse doch lieber die doppelte Portion Dessert.

LIVINHAC-LE-HAUT – FIGEAC   22. JUNI 2009

Wir beschließen: Livinhac-le-Haut streichen wir wegen Trostlosigkeit aus unserem Gedächtnis! Als wir nach dem Frühstück in der einzigen Bar aufbrechen, sind die Geschäfte immer noch geschlossen, wir können also noch nicht einmal Proviant für unterwegs einkaufen. Dieses Gebiet ist dünn besiedelt. Nach 26 Kilometern erreichen wir das Städtchen Figeac am Fluss Célé. Für heute begleitet uns also mal ein anderer Fluss, aber auch der fließt in einem Tal und so haben wir wieder einen Abstieg vor uns. Die Außenbezirke sind nicht besonders schön, aber die Altstadt ist außerordentlich hübsch. Anja, Volker, Humberto, Bea und Miriam haben wir aus den Augen verloren, deshalb machen wir uns auf den Weg zur Touristeninformation, um ein Nachtquartier zu suchen. Hier treffen wir Humberto, der seine e-Mails checken will. Er erzählt uns, dass er zusammen mit Anja und Volker eine kleine Gîte mitten in der Altstadt gefunden hat und begleitet uns dorthin, einer Wegbeschreibung durch das Gewirr der vielen kleinen Gassen hätten wir vermutlich nicht richtig folgen können.

Die Unterkunft hat nur sechs Betten und der Wirt ist ein sehr unfreundlicher Mann. Es ist uns unklar geblieben, weshalb er überhaupt Betten vermietet, wenn es ihm schon zu viel ist, dass man ihn anruft. Gerd hatte ihn nämlich angerufen, weil er auf das Klingeln an der Tür nicht reagiert hatte. Er sagt Gerd, er solle es gefälligst unterlassen, ihn anzurufen. In der Gîte dürfen wir verschiedene Einrichtungen nicht benutzen, dies nicht und das auch nicht, also schönen Dank auch für die Gastfreundschaft!

Figeac ist die Geburtsstadt des berühmten Sprachforschers und Ägyptologen Jean-Francois Champollion, der im Jahr 1822 die Hieroglyphen des Steins von Rosette entzifferte. Der Forscher befand sich in einer Art Wettlauf mit den Engländern, die auch mit Hochdruck an der Entzifferung des Steines arbeiteten, zumal die Briten das Original in ihrem Besitz haben. Die Stadt Figeac hat von Künstlerhand eine sehr große Kopie aus schwarzem Granit fertigen lassen und auf dem Place des Écritures kann man darüber hinweg schreiten. In der Altstadt gibt es ein altes Bus- oder Straßenbahnmagazin, das zu einem Restaurant umgebaut ist. Hier essen wir sehr genüsslich zusammen mit Humberto, Anja und Volker zu Abend.

FIGEAC - CAJARC 23. JUNI 2009

Wir müssen wieder einmal die Berge hoch krabbeln und von hier oben können wir zurück auf die Stadt Figeac und den Fluss Célé blicken. Für heute haben wir eine 31-Kilometer-Tour vor uns. Ab Figeac kommen wir auf die Kalkhochflächen, die Chausses genannt werden. Genauer gesagt die Chausses de Quercy. Kennzeichen dieser Hochebene ist der verkarstete Jurakalk und dadurch bedingt, der große Wassermangel, weil das Regenwasser vom Kalkgestein nicht gespeichert werden kann. Trotzdem gibt es eine ausreichende Vegetation von trocken resistenten Pflanzen, denn es regnet genug. Landwirtschaft ist möglich in dieser Region, wie z. B. der Anbau von Sonnenblumen und

Wein in der Gegend von Cahors. Die Bauern haben in dieser Region große Wasserbassins angelegt, daraus bewässern sie ihre Felder. Viehwirtschaft wird auch betrieben, hauptsächlich Schafhaltung. Die markanten runden Steinhütten der Hirten findet man immer wieder am Weg. Manchmal allerdings verbergen diese Hütten in ihrem Inneren einen Brunnen.

Für uns Wanderer ist noch bedeutsam, dass der Lot sein Bett in diese Kalkplateaus hinein gegraben hat und dass wir deshalb immer wieder zum Fluss runter steigen müssen und auf der anderen Seite wieder hoch. Es hat sich nur der geologische Untergrund geändert. Es ist ein sehr heißer Tag und die Chausses bieten wenig Schatten. Wenn wir Asphaltstraßen gehen müssen, kann man richtig sehen, wie die schwarze Masse „schwitzt" und ganz kleine schwarze Bläschen hervortreten. Außerdem wirkt die Asphaltstraße wie eine Fußbodenheizung, denn wir bekommen die Hitze von oben und unten. Auf diese zusätzliche Wärmequelle verzichten wir gern und sind froh, wenn uns der Weg über Felder und durch lichte Eichenwälder führt. Wir gehen auf der Straße nicht mehr nach der Straßenverkehrsordnung, sondern auf der Straßenseite, die den Schatten bietet. Diese Chausses sind sehr spärlich besiedelt und so ist das Verkehrsaufkommen nicht sonderlich stark.

Beim Abstieg nach Cajarc verfehlen wir irgendwie den richtigen Weg, vielleicht waren wir durch diese unvergleichliche Natur abgelenkt. Weil wir von hier oben einen sehr guten Überblick haben, wissen wir, in welche Richtung wir laufen müssen, um den Ort zu erreichen. Zum Schluss müssen wir noch auf einer vielbefahrenen Straße laufen. Anja, Volker und Humberto müssen eigentlich auch im Ort sein und da werden wir uns vermutlich zwangsläufig treffen.

So ist es und zwar in der Bar. Von hier unten können wir die steilen Felswände empor blicken, und den Weg nachverfolgen, den wir vor kurzem gekommen sind. Abends essen wir alle zusammen in einem Restaurant und lernen dort Viebecke und Shell, ein Ehepaar aus Dänemark und Schweden kennen.

CAJARC – VARAIRE 24. JUNI 2009

Ein heißer Tag! Wie heiß? Keine Ahnung! Diese 25 Kilometer fallen sehr schwer. Unterwegs überholt uns Humberto, der noch Besorgungen im Ort machte, als wir schon losmarschierten, aber der ist ja solche Temperaturen aus Mexiko gewöhnt. Auch in den Wäldern gibt es keinen ausreichenden Schatten, dafür nervt uns das enorm laute Gezirpe der Zikaden. Das kann man sich gar nicht vorstellen, die machen einen Höllenlärm. Es ist uns aufgefallen, ganz besonders in der Mittagshitze ist dieses Spektakel unerträglich, als hätten sich alle Zikaden der Gegend abgesprochen. Die Hitze lähmt, wir kommen nicht in unserem gewohnten Tempo voran. Ob Limogne-en-Quercy jetzt ein interessanter Ort ist, vermag ich gar nicht zu sagen, denn mich interessiert nur eine Bar oder ein Cafe für die Rast. Die letzten acht Kilometer bis Varaire ziehen sich hin wie Kautschuk.

Von der Gîte haben wir zunächst den allerbesten Eindruck. Humberto ist bereits eingetroffen und wo Anja und Volker stecken, weiß zunächst niemand. Später erfahren wir, dass sie noch ein paar Kilometer weiter marschiert sind und in einem Kloster Quartier gefunden haben. So viel Energie zum Weiterlaufen hätte ich an diesem Tag jedoch nicht mehr aufgebracht.

Unser guter Eindruck von der Gîte hält sich nur bis zu dem Zeitpunkt, als das Abendessen serviert wird. Es ist außerordentlich kümmerlich!! Sowohl in der Qualität als auch von der Menge. Gerd schreibt ins Tagebuch: „Selbst für Reingard ist das zu wenig." Wie sollen da erst Recht so junge Kerle wie Humberto davon existieren. So etwas anzubieten ist schlichtweg eine Unverschämtheit. Dieser Ort ist so klein, dass es zu dieser Gîte leider keine Alternative gibt, will man nicht noch etliche Kilometer weiter laufen.

VARAIRE - CAHORS   25. JUNI 2009

Ich fühle mich fit wie ein Turnschuh und habe das Gefühl, als sollte ich an diesem Tag in Cahors ankommen. Der Himmel ist bedeckt, zum Wandern ideale Bedingungen. Aber zunächst ist unser Tagesziel noch der Flecken Le Pech in 18 Kilometern Entfernung. Am frühen Nachmittag treffen wir dort bereits ein und was machen wir für den Rest des Tages an einem so klitzekleinen Ort, wenn man noch nicht einmal erschöpft genug ist und ausspannen muss?? Wir entscheiden uns: weiter geht's! Es ist uns bewusst, dass wir unser Tagespensum jetzt gerade von 18 Kilometer auf 31 Kilometer erhöht haben und dass es bis Cahors keinerlei Unterkünfte und Bars geben wird. Aber es ist ein Vergnügen bei solchen Temperaturen zu gehen und wir laufen wie befreit. Weil wir noch so spät unterwegs sind, treffen wir keine weiteren Wanderer mehr. In den Abendstunden kommt die Sonne noch mal mit ganzer Kraft zum Vorschein, da befinden wir uns bereits kurz vor Cahors auf der locker bewaldeten Hochebene. Die Ausschilderung des Weges ist hier unübersichtlich und wir sind uns manchmal nicht sicher, ob wir noch die richtige Fährte zu fassen haben.

Mitten in dieser Walachei taucht von abseits des Weges auf einmal ein Mann auf, der sichtlich froh ist, uns zu treffen. Der Neuseeländer hat die Orientierung verloren und ist schon recht verzweifelt. Wir sind vermutlich die letzten Wanderer an diesem Tag, die da oben noch längs kommen. Er ist aber auch fix was unvernünftig gewesen, denn er schleppt einen 20-kg-Rucksack, hat bereits 40 Kilometer zurückgelegt und ist entsprechend erschöpft. Wir nehmen ihn in unsere Mitte und gehen den Weg gemeinsam weiter. Wir unterhalten uns mit ihm, was ihn wieder Mut schöpfen lässt. Unterwegs erzählt er uns, dass er 65 Jahre alt ist und eine mehrmonatige Europareise unternimmt. Er stellt dann fest, dass Europa doch groß genug ist, dass man sich darin sogar verlaufen kann. Als wir uns dann in der Stadt Cahors von ihm verabschieden, sagt er uns: „Thank you, you solved me from my misery."

Die Stadt Cahors hat durch ihre geografische Lage in einer Lot-Schleife eine natürliche Befestigung, denn in diese Stadt gelangt man nur über Brücken, die sich im Notfall gut verteidigen lassen. An einer dieser Brücken steht ein altes Zollhaus und dieses Zollhaus ist neuzeitlich von ehrenamtlichen Helfern besetzt, die sich in den Dienst der Pilger gestellt haben. Wir werden hineingebeten und bekommen kalte Getränke und Kekse. Als unser Neuseeländer gefragt wird, was er denn gerne trinken möchte, sagt er, dass sei ihm egal, Hauptsache nass. Es werden auch Statistiken über woher, wohin und welche Nationalität geführt. „Haben Sie schon eine Unterkunft, oder sollen wir für Sie eine Reservierung machen?", werden wir gefragt. Wir möchten in Cahors gerne einen Tag Pause machen und in einem Hotel übernachten. So reserviert man uns in einem schnuckeligen kleinen Hotel bei der Kathedrale in der Altstadt für zwei Nächte ein Zimmer.

Nach dem Abendessen treffen wir Anja und Volker in der Stadt. Wir trinken noch gemeinsam einen Kaffee und dann verabschieden wir uns endgültig, denn zum einen bleiben wir hier in Cahors noch einen weiteren Tag und zum anderen werden wir aus den drei nächsten Etappen laut Buch vier Wanderabschnitte machen, weil wir wegen der Hitze keine Mammutstrecken mehr gehen wollen. Außerdem haben wir genügend Zeit in Reserve, bis zu unserem Rückflug. Anja und Volker ziehen morgen also weiter bis zu den Pyrenäen. Auch von Bea und Miriam verabschieden wir uns, denn ihre Wanderwoche ist um und wie sie uns erzählen, werden sie mit dem Zug über Toulouse und Nîmes nach Genf zurückfahren. Nur unseren Humberto treffen wir nicht mehr in Cahors, aber von ihm hatten wir uns bereits in Varaire verabschiedet, weil wir ja anfangs vorhatten, nur bis Le Pech zu laufen. Schade ist es trotzdem, denn Humberto unser herzerfrischender 20-Jähriger müsste eigentlich noch irgendwo in dieser Stadt sein.

CAHORS 26. JUNI 2009

Ausschlafen und üppig frühstücken. Wenn man so wie wir durchschnittlich 25 Kilometer am Tag läuft, braucht man sich um die Kalorienzufuhr überhaupt keine Gedanken zu machen. Heute wandern wir nicht, sondern wir gehen am Lot spazieren. Wir fotografieren das alte Brückenhaus, die alte Pilgerbrücke mit den markanten Türmen und stöbern in den Auslagen der Geschäfte. Es fällt auf, dass es in Cahors sehr viele Immobilienbüros gibt. Wir haben unterwegs sehr viele Anwesen, die sich die Leute als Freizeitobjekt oder als Alterswohnsitz gekauft haben, gesehen und das waren keine armseligen Hütten.

Gestern in dem Zollhaus haben wir ein sehr schön gestaltetes, farbenfrohes Seidentuch, das dort ausgestellt war, gesehen. In der Touristeninformation können wir solche Tücher erwerben und sogar unter verschiedenen Motiven auswählen. Die Künstlerin hat als Motive für ihre Tücher die Stadt Cahors und die Pilgersymbole des Jakobsweges gewählt. Wir haben später diese Seidenmalerei einrahmen lassen, weil uns die fröhliche Farbigkeit und Ausstrahlung so gut gefällt. In der Kathedrale treffen wir unsere Ehrenamtlichen wieder und bedanken uns für die Betreuung und die Reservierung des sehr netten Hotelzimmers.

Nach der Siesta treffen wir beim nachmittäglichen Stadtbummel unsere dänisch-schwedische Familie wieder. Shell hat seine Frau Viebecke mit einem Champagner-Picknick in den Bergen vor Cahors und dem Besuch der drei Kinder aus Schweden überrascht. Viebecke hatte am 14. Juni ihren 60. Geburtstag gefeiert und die beiden Söhne und die Tochter begleiten ihre Eltern jetzt auf der restlichen Strecke bis nach Moissac.

CAHORS – LASCABANES 27. JUNI 2009

Die Stadt Cahors verlassen wir über die Festungsbrücke Pont Valentré um uns dann auf einem sehr steilen und schmalen Pfad nach oben auf die Hochebene zu turnen. Heute sind es 20 Kilometer mit erheblicher Hitze und ganz wenig Schatten. Gerd schreibt, wir haben nach 15 Kilometern auf den nur-noch-gehen-Modus umgestellt. Dies ist ein Gehmodus, der zum Einsatz kommt, wenn es so schwierig ist, dass man nur noch seine Strecke schaffen will und die äußere Wahrnehmung auf das Notwendigste ausgerichtet hat. Das mittägliche Zikadenkonzert in dem lichten Eichenwald geht uns aber trotzdem erheblich auf den Geist.

Unser Quartier finden wir in Lascabanes auf einem Bauernhof und Gerd und ich sind die einzigen Gäste. Der Hof wird von zwei sehr agilen, mindestens 70-jährigen knorrigen Bäuerlein bewirtschaftet, die Gîte wird von der Schwiegertochter betrieben. Gerd und ich verbringen den ganzen Nachmittag und den Abend in Schatten der hohen, alten Bäume und genießen die wunderschöne Landschaft und das leckere Abendessen. Melonen, Tomaten, Knoblauch, Salat und Kräuter, alles stammt aus dem eigenen Hausgarten, wie die Wirtin betont. Die Ente wird uns dieses Mal gekocht in einer Vinaigrettesauce mit Bulgur (einer Weizenart) gereicht, sehr interessant. Die gekochte Haut esse ich nicht mit, obwohl Gerd sagt, dass auch diese sehr lecker sei. Und irgendwie muss der Rotwein gleich krügeweise verdunstet sein.

LASCABANES – MONTLAUZUN 28. JUNI 2009

Auf dieser Tour siegt mal wieder die Faulheit, denn wir wählen den leicht gekürzten Streckenabschnitt unter Auslassung von Montcuq. Dass das ein Fehler ist, erfahren wir erst später, als wir unsere schwedische Familie wieder treffen. In Montcuq ist gerade Sonntagsmarkt und die Schweden haben sich für ein sehr leckeres Picknick mit Obst,

Käse und Wurst eingedeckt. Wir haben mangels Lebensmittelgeschäft nichts Essbares dabei und freuen uns, dass man das Essen mit uns teilt. Die Chausses sind sonnendurchglüht und wir sind froh über jeden Baum und Strauch, der hoch genug für Schatten ist.

Die Schwedenfamilie zieht weiter nach Lauzerte und wir müssen noch mal eben den Berg rauf nach Montlauzun. Hier oben erwartet uns ein ganz wunderbares Quartier. Die Gîte wird von einem englischen Ehepaar geführt, das etwas für das Pilgerwesen tun möchte. Gerd und ich verbringen den Nachmittag und Abend auf der lauschigen Terrasse und können sehr weit ins Land hinein sehen. Wir sind auch hier die einzigen Gäste und bekommen Weißwein, versüßt mit Chassis und schwelgen beim Anblick des wunderbaren Gartens. Die Engländer haben dieses uralte Haus, das ehemals Teil der Kirche und des Gemeindehauses war, als Alterswohnsitz gekauft, auch weil von dort oben dieser traumhafte Panoramablick zu genießen ist. Dieses Anwesen ist wunderschön restauriert, nur leider gibt es noch keine Heizung. Wegen der einen Meter dicken Wände fällt die Temperatur im Winter nicht unter sechs Grad. Wie lauschig! Wie sie uns erzählen, sind Häuser in so einer Lage in England unbezahlbar. Aber auch in Südfrankreich gibt es inzwischen einen Markt für solche Objekte und so werden die Preise vermutlich auch weiter steigen. Trotz Traumlage haben Gerd und ich bisher noch nicht den Drang verspürt, uns in Frankreich niederzulassen.

Im Hundertjährigen Krieg (1337 – 1453) ging es um den Streit wegen der Thronfolge zwischen dem englischen und dem französischen Königshaus, denn die Engländer leiteten aus der französischen Herkunft ihres Königshauses Erbansprüche auf den französischen Thron ab. Im Kriegsverlauf zerstörten die Engländer in dieser Region so manche Ortschaft. Dadurch haben sich sehr große Ressentiments aufgebaut, die bis in die Gegenwart nachwirken. Heutzutage erfolgt die Okkupation auf friedlichem Wege, denn es haben sich sehr viele Engländer hier angesiedelt.

MONTLAUZUN – DURFORT-LACAPELETTE
29. JUNI 2009

Kurz hinter Montlauzun wird der sehr steile Aufstieg mit einer Seilführung erleichtert. Wie praktisch, da kann man sich gleich nach dem Frühstück daran hochziehen. Dann folgt eine sanfte Hügellandschaft und in der Ferne sehen wir schon eine Stadt auf dem Berg. Wenn das Mal nicht Lauzerte ist! Diese Bastide, ein Wehrdorf, beschützte den Weg von Cahors nach Moissac vor den englischen Truppen im Hundertjährigen Krieg und da braucht es Rundumsicht, die durch die Lage auf der Bergspitze ermöglicht wird. Wir machen hier oben Rast, bevor wir auf der anderen Seite wieder abwärts steigen. Schatten ist immer noch Mangelware und die Tagestemperaturen steigen von Tag zu Tag. Das ist auch der Grund dafür, dass wir froh sind, bald an unseren Zielort Moissac anzukommen.

Zuerst muss noch das Tagesziel erreicht werden. Heute haben wir nur 18 Kilometer geschafft und wir sind völlig fertig und enorm durstig, denn bei diesen Temperaturen ist der Wasserverbrauch sehr hoch. Die nächste Herberge, Hotel oder was immer ist unser. Das Hotel Aube Nouvelle ist landschaftlich in Obstplantagen wunderschön eingebettet und hat auch wieder eine schattige Terrasse. Hier haben wir sehr interessante Gespräche mit einem älteren englisch-französischen Ehepaar über den Jakobsweg, Oldtimer und die deutsche Wiedervereinigung.

DURFORT-LACAPELETTE – MOISSAC
30. JUNI 2009

Der Weg nach Moissac führt uns heute im Wesentlichen über rege befahrene Asphaltstraßen. Moissac ist das letzte Wanderziel für dieses Jahr auf der Via Podiensis. Das ewige Auf und Ab, die Wärme und der Schattenmangel sind sehr erschöpfend. Außerdem hat sich uns ein reiselustiger Hund angeschlossen. Es ist ein ziemlich großer und gepflegter Hund, mit einer Marke am Halsband und einer Telefonnummer. Von Frauchen oder Herrchen ist weit und breit nichts zu sehen. Zuvor hatte dieser Hund drei Franzosen begleitet, die bei einer Kapelle Rast machten und nun hat der Hund also uns ausgeguckt. Wir sind auf die Begleitung durch den Hund nicht besonders scharf, aber der Kerl lässt sich einfach nicht abschütteln. Ich habe ihn sogar ganz gefährlich angeknurrt, das ist mir heute noch peinlich. Wahrscheinlich aber hat sich das Hundchen totgelacht. Wir tricksen rum, den Hund interessiert es nicht, er trottet hinter uns her. Der Steg über einen Bach ist nur ein Gitterrost, da geht der Hund bestimmt nicht drüber. Genau, der Hund geht direkt durch den Bach!! Wir verschärfen unser Tempo, der Hund ist da. Wir bleiben stehen, der Hund legt sich in den Schatten. Wir gehen weiter, der Hund ist da für die nächsten 14 Kilometer, er klebt an uns, wie eine Klette.

Wir überlegen, wie wir den Hund loswerden. Im Stadtgebiet von Moissac wird es nämlich gefährlich, für den Hund und für die anderen Verkehrsteilnehmer. Ich habe mit Gerd vereinbart, dass wir in Moissac die Gendarmerie aufsuchen wollen, damit die sich um den Hund kümmern. Aber bei einer Rettungswache steht ein Ambulanzfahrzeug und die haben schließlich Funk. Wir sagen den Sanitätern, dass der Hund uns seit 14 Kilometern begleitet, uns aber nicht gehört und dass der Hund eine Marke am Halsband trägt. Die fangen den Hund dann erst mal ein und wir geben Fersengeld.

Die Hundegeschichte war sehr Nervenaufreibend, ich muss unbedingt aus der Sonne und brauche eine größere Trinkmenge und vor allem, eine Pause. In Moissac möchten wir noch einen Tag Rast machen, bevor wir übermorgen unseren Rückflug von Toulouse aus antreten. Ein nettes Hotel wäre nicht schlecht. Bei dem bezahlbaren netten Hotel gibt es angeblich keine freien Zimmer. Ich bin davon überzeugt, dass die keine Pilger haben wollen. So landen wir dann sehr viel weniger nett in einem sehr einfachen Haus. Das ist für uns sowieso kein Problem.

Abends treffen wir die drei Franzosen, die bei der Kapelle gerastet hatten. Sie fragen uns nach dem Hund und wir sagen ihnen, dass wir die Leute von der Ambulanz um Hilfe gebeten haben. Sie erzählen uns dann, dass der Hund auch sie schon viele Kilometer begleitet hatte.

MOISSAC 1. JULI 2009

Wir wollen uns in aller Ruhe die Benediktiner-Abtei St. Pierre ansehen. Dieses ehemalige Kloster ist heute ein Museum und wir fragen an der Kasse der Touristeninformation nach, ob es auch Kopfhörer und Kassetten mit deutsch- oder englischsprachigen Erklärungen gibt. Damit kann man uns zwar nicht dienen, aber man macht uns den Vorschlag, dass wir im Kinosaal das Video über das Kloster in deutscher Sprache sehen können. Das ist eine noch viel bessere Idee und so sitzen wir ganz allein im Kino.

Mitte des 11. Jahrhunderts wurde mit dem Bau des Klosters begonnen und das Portal der Abteikirche und der Kreuzgang gelten, neben Conques, als die am besten erhaltenen romanischen Kunstwerke in Frankreich. Die Säulen des Kreuzganges sind immer im Wechsel als Einzelsäule und als schlanke Zwillingssäulen aufgestellt, was den Eindruck von Leichtigkeit vermittelt. Die Eckpfeiler und die Mittelpfeiler haben als schmückendes Element Marmorreliefs, auf denen u. a. die Apostel dargestellt sind. Die Kapitelle der Säulen sind mit Szenen aus der Bibel und mit Ornamentik geschmückt. Die Ruhe und die Beschaulichkeit, die dieser Ort ausstrahlt, sind sehr wohltuend. Auch die Hitze, die über der Stadt brütet, dringt nicht durch diese Mauern. Obwohl dieser Ort nicht mehr religiösen Zwecken dient, so ist hier eine fast meditative Stimmung spürbar. Gerd und ich können uns in aller Ruhe mit den Kunstwerken auseinandersetzen, niemand stört uns.

Ganz unbeschadet hat diese Abtei das vergangene Jahrtausend nicht überstanden. Kriege und Revolutionen und der Zahn der Zeit haben den Kunstwerken zugesetzt. Die größte Gefährdung bestand aber in der Bauwut des 19. Jahrhunderts. Für den Bau der Bahnlinie Bordeaux – Sète sollte doch tatsächlich der Kreuzgang abgerissen werden. Bei so einem frevelhaften Ansinnen, erstarrt einem doch fast das Blut. Kunstwerke, die Hunderte von Jahren Bestand hatten, einem Profanbau zu opfern, das ist unglaublich. Gerd meint, diese Abrissgedanken müssten denen doch unendlich peinlich sein und er würde das doch nicht so an die große Glocke hängen. Zum Glück hatte sich die Vernunft oder der Sachverstand durchgesetzt und das ist dann wieder umso mehr erwähnenswert. In Vorraum zur Abtei ist eine Modellanlage des ursprünglichen Klosters aufgestellt und es sieht so aus, als hätten dann doch nicht alle Gebäudeteile die Bahnbaumaßnahmen überstanden. Die Fernzüge brausen noch heute gleich hinter dem Kloster vorbei. Für die Bausubstanz und Erhaltung kann das nicht optimal sein.

Das Portal der Klosterkirche, mit einem Tympanon aus dem 12. Jahrhundert ist noch im Original erhalten. Es sind Szenen aus der Offenbarung des Johannes dargestellt. Wie in Conques ist das Jüngste Gericht und seine Auswirkungen das Thema des Tympanons. Das Jüngste Gericht ist auf einem Pilgerweg von großer religiöser Bedeutung, geht es bei der Wallfahrt doch auch um Sühne und Vergebung der Sünden.

Den Nachmittag verbringen wir im Schatten der hohen Bäume am Ufer des Flusses Tarn und am Canal Lateral á la Garonne. Der Fluss ist zwar sehr breit, aber wie wir sehen, nicht sonderlich tief. Den Leuten, die in der Mitte der Tarn baden, geht das Wasser nur bis zu den Oberschenkeln. Am Kanal beobachten wir Boote bei ihren Manövern in den Schleusen und den Schleusenwärter, der mit einem kleinen Moped von Schleuse zu Schleuse eilt, um die Boote durchzulassen. Es sind im Schatten jetzt 38 Grad und da macht man keine überflüssigen Aktionen. Moissac hat sich, mal abgesehen vom Kloster, als nicht so furchtbar interessant herausgestellt und wir transpirieren nur noch so vor uns hin. Da hört der Spaß auf und wir sind sehr froh, dass morgen unser Rückflug nach Hamburg ist.

MOISSAC – TOULOUSE – HAMBURG 2. JULI 2009

Die Nacht war einfach schrecklich. Wegen der brütenden Hitze haben wir das Fenster unseres Hotelzimmers die ganze Nacht über weit geöffnet, aber schlafen können wir nicht, weil von den benachbarten Restaurants und Bars aus viel Lärm zu uns dringt. Als wir dann doch noch ein wenig Schlaf finden, kommt schon die Müllabfuhr und weckt uns mit ihrem Krach wieder auf.

Gerd stellt fest, dass Moissac zwei wichtige Gebäude besitzt: zum einen das Kloster und zum anderen den Bahnhof! Da kann sich jetzt jeder denken, was er meint. Bis nach Toulouse fahren wir eine Dreiviertelstunde mit der Bahn. Der Himmel trübt sich ein und als wir am Mittag vom Flughafen Toulouse nach Hamburg abfliegen, regnet es doch tatsächlich. In Hamburg empfangen uns dann wieder die gewohnten Sommertemperaturen Norddeutschlands, wie wohltuend.

WELCHER WEG IST BESSER?

Wir sind öfter gefragt worden, welchen Weg, den in Spanien oder den in Frankreich, wir bevorzugen. Diese Frage zu beantworten ist nicht ganz einfach, weil die Bedingungen in den beiden Ländern sehr unterschiedlich sind. In Frankreich hat es uns gestört, dass die Unterkünfte reservierbar sind und in einigen Regionen ist das auch angeraten, denn der Andrang ist speziell zum Wochenende groß. Die Herbergen (Gîte d'Etape) sind vom touristischen Standard her wie kleine Landhotels zu beurteilen, nur dass man sich einen leichten Schlafsack mitbringt. Handtücher, Bettlaken und Kopfkissen sind immer vorhanden. Riesengroße Schlafsäle sucht man vergeblich. Ich erinnere mich nur an eine Herberge, die in Le Sauvage in dem Templergut, dort übernachteten wir in einem Zehn-Betten-Raum. Wir nutzten diesen Raum aber nur zu Viert. Doppelstockbetten gab es nirgends. In Frankreich ist alles komfortabler und ist dadurch natürlich erheblich teurer als in Spanien. In Spanien werden die Refugios häufig von den Kommunen, von Klöstern oder Jakobusgesellschaften bezuschusst und deshalb kostet das Bett dort nur 5 bis 8 Euro pro Nacht. In Frankreich kostet das Bett durchschnittlich 15 Euro pro Nacht.

Dafür ist die Nutzung der Gîtes nicht nur auf Pilger beschränkt, es kann jeder in diesen Herbergen übernachten. Der Pilgerpass hat hier in Frankreich eine ausschließlich persönliche Bedeutung und dient allenfalls noch als Nachweis für die Pilgerschaft. Für die Unterbringung ist er bedeutungslos. Da in den Unterkünften nicht nach dem Pilgerpass gefragt wird, haben wir gelegentlich vergessen, uns einen Stempel geben zu lassen.

In vielen Gîtes ist es üblich, dass der Gast zumindest das Abendessen dort verzehrt. Einige Herbergen befinden sich in so entlegenen Landstrichen, dass es sich geradezu empfiehlt, dort zu essen, will man nicht noch weite Wege zu den Restaurants in Kauf nehmen. Diese Mahlzeiten haben meistens 3 oder 4 Gänge. Von ganz wenigen Fällen mal abgesehen, sind wir mit diesem System sehr gut gefahren. Wie ich in einer E-Mail geschrieben habe: „Wir leben wie Gott in

Frankreich!" Ganz besonders haben wir den „Käsegang" geschätzt. Wir bemerken an der Qualität deutlich, dass Essen und Trinken in Frankreich einen sehr hohen Stellenwert haben.

Ein Wanderführer der besonderen Art wird ausschließlich in französischer Sprache herausgegeben. Der Titel lautet: „Miam Miam Dodo" und bedeutet so viel wie „Essen und Schlafen" auf der Via Podiensis. In diesem Führer sind die Unterkünfte, Restaurants, Cafés, Bars, Lebensmittelgeschäfte, Bäcker usw. aufgelistet und es sind auch Preise genannt, dieses Werk wird jährlich aktualisiert.

Die äußeren Bedingungen sind also in Frankreich wesentlich günstiger, d. h. komfortabler als in Spanien. Was jedoch die Spiritualität angeht, müssen wir feststellen, dass es damit in Frankreich nicht so weit her ist. Wir haben mal versucht, die Gründe hierfür zu finden. Zum einen sind auf diesem Abschnitt der Via Podiensis nicht so viele Pilger unterwegs, was bedeutet, dass es an Gesprächen mit anderen Pilgern mangelt und zum anderen ist dieser historische Pilgerweg nicht so international, wie der Camino Francés. Schätzungsweise waren auf der Via Podiensis 80 % Franzosen, 10 % Deutsche, Österreicher und Schweizer und 10 % Pilger aus anderen Ländern unterwegs. Das war in der historischen Vergangenheit sicher ganz anders.

Frankreich ist wesentlich dichter besiedelt und die Infrastruktur ist besser erschlossen als in Spanien. Für den Wanderer ist das nicht unbedingt ein Vorteil, wenn man viel durch bewohnte Gebiete und auf Asphaltstraßen laufen muss. Da sich das geschäftliche Leben aus den Dörfern zurückgezogen hat und sich in den Einkaufszentren konzentriert, ist es schwieriger geworden, Dinge des täglichen Bedarfs einzukaufen. Manche Dörfer haben noch nicht einmal mehr eine Bar, um unterwegs einen Milchkaffee zu trinken. Mit einem Satz: Wir vermissen die langen, einsamen Wege Spaniens, die kleinen Bars und Tiendas, das sind die kleinen Lädchen in den Dörfern! In den Wäldern Frankreichs sind die Pfade häufig beidseitig mit Stacheldraht eingezäunt, man kommt sich ein- oder ausgesperrt vor.

Wir haben uns zu diesem Thema, Unterschiede auf dem französischen und dem spanischen Jakobsweg, mit einem Ehepaar aus

Melbourne (Australien) unterhalten. Dieses Paar war auch auf dem Camino de Santiago in Spanien gepilgert. Die Aussage von den Beiden können wir nur bestätigen, denn wir empfinden es genauso:

Frankreich, das ist Urlaub; Spanien, das ist Pilgern!

Wir haben hier unsere ganz klare Meinung gebildet! Denn wir bevorzugen den Weg in Spanien, wenn auch die äußeren Bedingungen nicht so komfortabel sind.

Nach 414 gewanderten Kilometern stellt sich die Frage, ob und wann schließen wir die Lücke zwischen Moissac und St.-Jean-Pied-de-Port, immerhin noch mal 323 Kilometer??? Die Frage nach dem „Ob" beantworte ich positiv, die Frage nach dem „Wann", ja, das ist eine gute Frage.

Bis bald, wieder als Marcheur / Randonneur auf der Via Podiensis.

Peinture sur soie; Sophie Eveque, Cahors

Dieses Seidentuch erwerben wir in Cahors. Wir haben es tags zuvor im Brückenhaus, in dem die Pilger von Ehrenamtlichen empfangen und betreut werden, gesehen.

Die Künstlerin Sophie Eveque aus Cahors hat es gestaltet. Wir sind begeistert von den klaren leuchtenden Farben und der kindlich-naiven Einfachheit des Motives. Schöner kann das Thema „Pilgern" mit der Symbolik und dem regionalen Bezug nicht dargestellt werden.

Le-Puy, die Kathedrale Notre-Dame am frühen Morgen

So weit ist es bis zum Ziel von Le-Puy aus.

Das alte Templergut in La Sauvage.

Die „Einsiedlerhütte" im Wald.

Die alten Gerberhäuser am Fluss Lot in Espalion

Das Dorf Estaing

Endlich ist der Abstieg hinunter nach Conques geschafft.

So sehen die Steinhütten in den Chausses aus.

Wie herrlich geht es sich im schattigen Wald, leider viel zu selten.

Cahors, die Festungsbrücke Pont Valentré

Cahors, in der Kathedrale St. Étienne.

Diese Kathedrale hat einen Kreuzgang, der im Vergleich zum Kreuzgang des Klosters St.-Pierre in Moissac fast wuchtig wirkt. Das Innere dieses Gotteshauses erzeugt durch die hellen und freundlichen Farben und durch das einfallende Licht eine heitere Atmosphäre.

Moissac, der Kreuzgang des Klosters St.-Pierre, der zum Weltkulturerbe erklärt wurde. Im 19. Jahrhundert drohte der komplette Abriss dieses Juwels der romanischen Baukunst, damit eine Eisenbahnlinie gebaut werden konnte. Zum Glück hat man wohl noch andere Möglichkeiten gefunden.

VIA PODIENSIS
MOISSAC - AIRE-SUR-L'ADOUR
TAGEBUCH 2010

Was machen wir dieses Jahr mit unserem Urlaub? Es steht noch ein ganzes Stück auf der Via Podiensis offen, das abgewandert werden will. Der Winter war sehr lang und ungewöhnlich kalt, mit Schnee und dicken Eispanzern auf den Straßen. Schon allein wegen der enormen Rutsch- und Sturzgefahr waren lange Trainigswanderungen nicht sinnvoll. Gerd bemerkt, es sei im darauffolgenden Frühjahr so kalt gewesen, dass wir noch nicht einmal draußen im Garten gesessen hätten. Zum Laufen war es einfach zu ungemütlich gewesen und so entfielen die Trainingseinheiten ersatzlos. Ende April kam sehr lieber Besuch, Renate und Mel aus Australien und im Mai kam dann noch unsere liebe Pilgerfreundin, Schwester Elke, dazu. Gemeinsam erkundeten wir den norddeutschen Raum, von Besichtigungstouren und Hafengeburtstag in Hamburg, über Oldenburg, Berlin und Dresden bis hin zum Wikingerdorf Haithabu an der Schlei bei Schleswig.

Wir leiden noch immer darunter, dass wir auf unserer allerersten Pilgertour in den Pyrenäen nur in Nebel geblickt hatten. Wir möchten so unendlich gern diese Landschaft mal bei Sonnenschein oder zumindest bei vernünftigen Sichtverhältnissen erleben. Deshalb planen wir für die restlichen 323 Kilometer genügend Zeit ein, damit wir unter Umständen sogar ein, zwei Tage auf gutes oder besseres Wetter warten könnten, sollte es notwendig werden. Von St.-Jean-Pied-de-Port wollen wir bis nach Pamplona wandern. Die Credenciales, also die Pilgerausweise, habe ich von der Jakobus-Gesellschaft in Würzburg ausstellen lassen, denn wir werden nach Spanien hinein gehen und dort können wir die Hamburger Pilgerausweise leider nicht gebrauchen. Das Jahr 2010 ist ein „Año Santo Compostelano", also ein Heiliges compostelanisches Jahr, deshalb sieht auch der Credencial etwas anders aus, etwas bunter als sonst. Außerdem trägt er den Hinweis auf das

Heilige Jahr auf der Außenseite. In Santiago de Compostela werden wahre Besucherströme erwartet, zumal es das nächste Heilige Jahr erst wieder in 11 Jahren gibt. Im Internet wird darauf hingewiesen, dass es mit den Unterkünften in Spanien und ganz besonders in Santiago de Compostela für Pilger und Besucher knapp werden könnte und die Pilgerrouten wahre Völkerwanderungen bewältigen müssen.

Die Ausrüstung ist im Wesentlichen vollständig, wir ergänzen nur noch Kleinigkeiten und trotzdem wird es mal wieder bis zu unserem Abflug nach Toulouse hektisch. Gerd hat Rückenprobleme und einen eingewachsenen Zehennagel. Keine Idealbedingungen für den Start einer Wanderung über mehrere Hundert Kilometer. Als Schwester Elke von dem Zehennagel hört, wiegt sie bedenklich mit dem Kopf, wenn das man mal mit dem Zeh gut geht! Darüber wollen wir uns jetzt keine Gedanken machen, der Flug ist gebucht und los geht's!

MECKELFELD – HAMBURG 6. JUNI 2010
VIA TOULOUSE NACH MOISSAC

Unser Flugzeug fliegt erst um 13.05 Uhr vom Hamburger Flughafen nach Toulouse ab. Am Bahnhof Toulouse-Matabiau ziehen wir am Nachmittag unsere Fahrkarten aus dem Automaten. Das ist ein schwieriges Unterfangen, sowohl in Deutschland als auch in Frankreich. Man ist sich nie sicher, ob man die beste Verbindung und den besten Preis erhalten hat. Mit dem TGV fahren wir bis Montauban. Während der Fahrt sehen wir am Horizont die Bergkette, aus der heraus wir im letzten Jahr Richtung Moissac gewandert sind. In Montauban haben wir eine Stunde Aufenthalt, bevor wir mit einem anderen Zug weiterfahren können. Dieser Ort ist wie ausgestorben und wir fragen uns immer wieder, was machen die Franzosen eigentlich sonntags?? In Moissac angekommen suchen wir uns eine private Herberge in Bahnhofsnähe und gönnen uns für unsere erste Nacht auf diesem Weg ein „Luxusdoppelzimmer" mit eigenem Bad, groß wie ein Tanzsaal. Die Geschichte hat auch ihren Preis. Ach, egal, ein üppiges Essen in einem Restaurant beim Kloster muss dann auch noch drin sein.

Das Wetter ist trübe, hoffentlich ändert sich das noch. Gerd schreibt ins Tagebuch: „und morgen geht es dann richtig wieder los!"

MOISSAC – ST.-ANTOINE 7. JUNI 2010

Heute spürt man das südfranzösische Flair, denn die Sonne scheint und ganz beschwingt machen wir uns auf den Weg. Wir entscheiden uns dafür, heute nicht ganz der Strecke nach dem Wanderführer zu folgen, sondern wir wählen die schweißfreiere und flachere Alternative. Im Schatten der hohen Bäume wandern wir immer an oder zwischen den Kanälen entlang. So können wir bis Pommevic sehr entspannt laufen, überqueren hier die Kanäle und halten auf den Ort Auvillar am Fluss Garonne zu. Auvillar ist auf einem Hügel gelegen und man hat eine sehr schöne Aussicht in das Flusstal und leider auch auf den Atommailer am Horizont. Die massigen, dampfenden Kühltürme des Kraftwerkes werden den Ausblick in die Landschaft auch noch am nächsten Tag verschandeln.

Dieses Auvillar ist ein sehr nettes altes Städtchen und am liebsten wäre ich heute hier geblieben. Gerd ist nicht meiner Meinung und so machen wir eine kleine Siesta im Burghof des Chateaus. Dass wir uns mit den restlichen neun Kilometern bis St.-Antoine konditionell total übernehmen, werden wir erst am Abend wissen. Die Sonne knallt nur so vom Himmel und Schatten gibt es kaum und so werden uns die letzten Kilometer ziemlich sauer. St.-Antoines Einwohnerzahl ist sehr überschaubar. Der Wanderführer bemerkt ausdrücklich, dass es in diesem Dörfchen keinen Lebensmittelladen und kein Restaurant gibt. Das bedeutet, entweder die Lebensmittel aus Auvillar mitbringen oder das Abendessen in der Gîte einnehmen, wir entscheiden uns für letzeres.

Wir besuchen die Dorfkirche, in der angeblich die Reliquien des Heiligen Antonius aufbewahrt werden. Hier begegnet uns wieder das T-förmige Kreuz, das Tau des Antoniter-Ordens. In dem ausgelegten Gästebuch der Kirche lesen wir die Einträge der Pilger, die vor uns hier waren. Ganz offensichtlich hat hier ein Pilger sehr schön gesungen, einige Einträge beziehen sich auf seinen Gesang.

Als wir den Fluss Garonne überquerten, betraten wir in Auvillar den Boden der Provinz Gascogne. Alexandre Dumas hatte mit seiner Romanfigur „d'Artagnan", als den Vierten der Musketiere Athos, Porthos und Aramis einen eigenwilligen Gascogner, im Dienste des Königs Ludwig XIII., kreiert. „Einer für alle, alle für einen", der Wahlspruch und die Triebfeder dieser Haudegen. Und d'Artagnan vergaß nie seine gascognische Herkunft zu erwähnen, wenn ihm wieder ein besonders guter Schlag gegen die Schergen des Minister-Kardinals Richelieu gelang.

Berühmt ist die Gascogne für ein alkoholisches Erzeugnis der Region Armagnac, der Spirituose gleichen Namens. Der Armagnac ist von sehr hoher Qualität und kann sich trotzdem nicht gegen seinen Konkurrenten aus dem Gebiet des Cognacs durchsetzen. Der Aperitif

„Floc de Gascogne" wird aus Armagnac und dem unvergorenen Saft der gleichen Traubensorte hergestellt. Eine weitere Spezialität ist die Enten- und Gänsestopfleber. Dieses Produkt wird unter ganz besonders unwürdigen Zwangsernährungsmaßnahmen bei den Tieren hergestellt, indem das Geflügel permanent überfüttert wird, damit sich die begehrte Fettleber entwickeln kann. Die Feinschmecker schwelgen im Genuss und die Tierschützer geißeln diese Qual des Geflügels. Ein gewisses Schuldbewusstsein scheint es bei den landwirtschaftlichen Erzeugern zu geben, denn die Transporte des Geflügels zum Schlachthof finden in den Nachtstunden statt, damit es nicht ständig zu Protesten kommt, so berichtet uns ein Bewohner der Region. „Foie Gras!", da muss man kritisch hinterfragen: braucht die Welt solche Lebensmittel??

ST.-ANTOINE - LECTOURE 8. JUNI 2010

Heute ist der Himmel grau, als wir uns wieder auf den Weg machen. Im Gegensatz zu den Landschaften jenseits von Garonne und Tarn ist diese Gegend nur leicht hügelig, deshalb sind keine anstrengenden Aufstiege zu erwarten. Charakteristisch sind hier die Dörfer, die auf den Kuppen von Hügeln erbaut wurden, als Bastiden, Wehrdörfer, die in der Zeit des Hundertjährigen Krieges dem Schutz und der Verteidigung der Bevölkerung dienten. Die Gascogne ist eine geschichtsträchtige Provinz, die oftmals hart von den verschiedenen Interessenlagen der jeweiligen Herrscher in Mitleidenschaft gezogen wurde.

Als wir in Miradoux die Kirche passieren, hören wir darin den kraftvollen Gesang eines Mannes, der französische Choräle singt. So werden wir Zeugen eines herrlichen Gesanges, der den anderen Pilgern in St.-Antoine schon so gut gefallen hatte. Wir stiften eine Kerze und nehmen unseren Weg wieder auf. Eine ganze Strecke weiter umrunden wir im weiten Bogen eine Schlossruine, die auf einer Anhöhe steht. Das wäre eine tolle Kulisse für einen Märchenfilm, so verzaubert, wie diese Ruine dasteht. Während der nächsten Pause in einem Café von Castet Arrouy erfahren wir von anderen Pilgern, wer der Sänger in den Kirchen ist. Ich habe ihn für einen Franzosen gehalten, aber es ist der deutsche Pilger Peter aus Augsburg, dem es ein Bedürfnis ist, in den Kirchen an der Via Podiensis zu singen. Er ist einer der Pilger, der seinen Weg von zu Hause aus gestartet ist. Ein Ehepaar aus Tirol ist auf gleiche Weise unterwegs. Wir treffen sie immer mal wieder unterwegs. Sie erzählen, dass sie sich schon seit 10 Jahren auf diese Pilgerwanderung vorbereitet haben und dass ihr jüngstes Kind jetzt alt genug sei, um für ein halbes Jahr bei Verwandten untergebracht zu werden. Sie haben ein Zelt dabei, um die Kosten zu senken und müssen deshalb ihr Gepäck auf einem Fahrradkarren transportieren. Hans schiebt den Lenker mit den Händen und damit er nicht einseitig belastet ist, hat er sich einen Riemen um die Hüfte geschlungen und zieht so das Rad auch mit dem Körper. Das ist trotzdem alles schwierig, denn immer, wenn es bergauf geht wird es für ihn anstrengend. Außerdem blockieren die Räder häufig in schlammreichen Gebieten. Nachmittags gegen 15.00 Uhr treffen wir in Lectoure ein. Die Herberge im Pfarrhaus können wir noch nicht beziehen, die Rucksäcke dürfen jedoch schon deponiert werden. Die Hausdame drückt uns einen Stadtplan in die Hand und empfiehlt uns einen Stadtspaziergang. Das lohnt sich in dieser Stadt ganz gewiss, aber nee, nach spazieren gehen ist uns jetzt nicht! Wir suchen uns in der Altstadt ein schönes Plätzchen in einem Café, machen eine ausgedehnte Pause und genießen anschließend die herrliche Aussicht.

Gegenüber vom Pfarrhaus befindet sich die Kathedrale Saint-Gervais, das Gebäude ist ganz schön riesig, für einen Ort mit ca. 4.000 Einwohnern. Hier wird in einem Seitenschiff um 18.00 Uhr die Pilgermesse von Abbé Pierre zelebriert. Wir bekommen in französischer Sprache Zettel mit den Gebetstexten ausgehändigt. Anschließend gibt es ein gemeinsames Abendessen im Pfarrhaus, der alte Abbé wirkt ausgesprochen munter und er hält uns eine kleine Rede, in der er erklärt, dass es zwar keinen „Tarif" gäbe, wir aber doch so viel in den Spendenkasten legen sollten, wie wir sonst in den Gîtes für Essen und

Schlafen bezahlen und statt der Spülmaschine seien dieses Mal die Herren Pilger an der Reihe.

Gerd ist heute mit einer Blase am kleinen Zeh und dem eingewachsenen Nagel geschlagen. Er hat Schmerzen und legt sich schon früh schlafen. So hatte ich mir unseren 31. Hochzeitstag nicht vorgestellt.

LECTOURE - CONDOM 9. JUNI 2010

Es hat die ganze Nacht nur so geschüttet und der Himmel ist regenwolkenverhangen. Unsere Kondition hat sich noch nicht so recht entwikkeln können, deshalb nehmen wir heute die um fünf Kilometer kürzere Variante. Der Wanderführer weist darauf hin, dass es, außer in La Romieu, keine Einkaufs- und Einkehrmöglichkeiten geben wird. Das ist für uns besonders ungünstig, denn den durchaus lohnenswert zu besuchenden Ort La Romieu, werden wir nicht ansteuern. Die Wiesen sind nass, die Wege glitschig und zum Ausruhen gibt es nirgendwo mal eine Bank. Wir sind frustriert! Einen Platz zum Ausruhen, den finden wir ausgerechnet auf einem Friedhof bei einer kleinen Kapelle, mit einem herrlichen Ausblick auf das Hügelland. Auch ohne den Umweg beträgt die heutige Stecke immerhin 28 Kilometer.

In Condom ist unsere Welt wieder in Ordnung. Der Deutsche Roland betreibt hier eine Gîte, „La Maison du Pelerin", direkt am Altstadtzentrum. Vermutlich hat er so viele Gäste aus Deutschland, Österreich und der Schweiz, weil sich hier niemand mit französisch herumschlagen muss. Es fällt uns auf, dass auf dem Streckenabschnitt ab Moissac im Wesentlichen Pilger unterwegs sind, die Touristen wandern eher in den Regionen Auvergne und Aubrac, jenseits von Garonne und Tarn, wo das Landschaftsbild von einer dramatischen Schönheit geprägt ist. Hier in der Gascogne bestimmen sanfte Hügel und ganz viel Landwirtschaft den lieblichen Gesamteindruck. Während wir uns in dem hübschen Städtchen und der Kathedrale St. Pierre umsehen, kocht unser Wirt für uns alle das Abendessen und wir sitzen anschließend in gemütlicher Runde beim Armagnac zusammen. Roland erzählt uns von seinen eigenen Pilgerwegen und dass doch das Städtchen Condom mit seinem Namen arg geschlagen sei. Denkt doch jeder nur an Verhütung, statt an eine kleine bezaubernde Stadt im Herzen der Gascogne, wenn dieser Name fällt.

CONDOM - LAMOTHE 10. JUNI 2010

Auch heute sind wir nicht bereit, die 33 Kilometer gemäß Wanderführer zu laufen. Wir werden uns ca. fünf Kilometer vor Eauze, in Lamothe ein Quartier suchen. Wie wir von Roland hören, wird diese Gite d'Etape „Le Repos des Pèlerins" von seinem Freund Fritz betrieben. Heute ist es sonnig und heiß und in den feuchten Wäldern tummeln sich die Mücken und Schnacken in den Matschlöchern und außerhalb der Wälder haben wir keinen Schatten. Kurz vor Ende der Tagestour kriegen wir noch einen Regenschauer ab, da sind wir fast schon bei der Herberge.

Fritz legt sehr viel Wert auf Hygiene. Er hat außerhalb des Gebäudes, auf einer Terrasse große Schließfächer angebracht, in denen unser gesamter Besitz einzuschließen ist. Unsere eigenen Handtücher und Bettbezüge dürfen wir nicht benutzen. Er sagt, dass Bettwanzen in Frankreich ein immer größeres Problem werden, das er unbedingt vermeiden will, denn die Biester sind enorm hartnäckig und schwer zu bekämpfen. Im Gegensatz zu Rolands Herberge ist dieses Gebäude neu bzw. gerade renoviert. Schöne helle Schlafräume, sehr gute Sanitäranlagen und ein freundlicher, heller Aufenthaltsraum. Nicht hell und freundlich ist die Laune von Fritz, er ist ausgesprochen knurrig. Wie wir hören, hat es sich mit der pilgernden Franziskaner-Nonne angelegt, denn er bietet in seiner Küche keine vegetarische Kost an, aber sie besteht darauf. Irgendwie haben die Beiden noch einen Kompromiss gefunden. Und kochen, das kann dieser Fritz. Das Essen bei Roland war nicht schlecht, aber Fritz beherrscht die Kochkunst um einiges besser. Und genießen, das kann er auch, denn er bietet einen ausgesprochen guten Tropfen alten Armagnacs an. So klingt der Abend auf der Terrasse in der großen Pilgerrunde harmonisch aus.

LAMOTHE - NOGARO 11. JUNI 2010

Gerd schreibt ins Tagebuch, er wünschte sich öfter eine kleine Frühstückspause wie die heute in Eauze, mit Kaffee, Croissants und Rosinenschnecken. Heute wollen wir fünf Kilometer weiter laufen als die anderen Pilger Manuela, Sepp und die beiden Tiroler. Unsere Mittagspause legen wir in Manciet ein. Dort gibt es einen großen Picknickplatz unter schattigen Bäumen und einen Supermarkt, der, Schwups, vor unserer Nase seine Schotten schließt. Dann bestellen wir uns eben einen „Salade Gascogne" in der Bar. Eine fettige Angelegenheit, weil gebratenes Gänsefleisch und Speck über dem grünen Salat angerichtet ist. So gestärkt stürzen wir uns in unser nächstes Hundeabenteuer. Bei der Eglise de L'Hôpital liegen wir faul im Gras, um unser Grünfutter zu verdauen. Da kommt ein großer Hund des Wegs und im Maul hat er einen völlig zerbissenen Ball. Er steht auffordernd auf dem Weg, wir, wie gesagt liegen faul im Schatten. Was dieser Hund von uns will ist völlig klar, aber auch wir haben Anspruch auf eine Pause und wer sagt uns, dass der Hund damit zufrieden ist, wenn wir den zerbissenen Ball ein wenig in der Gegend herum werfen. Nee, nee, mein Lieber, nicht mit uns! Da sind noch andere Pilger bei der Kapelle, geh' da mal hin! Armer Hund!

Kurz vor Nogaro müssen wir unser Regencape, das wir soweit durch Frankreich geschleppt hatten, überziehen. Hat den Aufwand fast nicht gelohnt! Die Herberge von Nogaro liegt uns zu weit außerhalb, deshalb wollen wir uns in der Stadt drin ein Quartier suchen. Das Touristenbüro besorgt uns ein kleines Hotelzimmer im Zentrum.

Heute bestreitet die „Équipe Tricolore" ihr erstes Spiel bei der Fußballweltmeisterschaft in Südafrika. Wir werden uns dieses Spiel natürlich ansehen. Die Bedienung in unserem Restaurant trägt Hüte in Fußballform, die Gäste sind mit französischen Landesfarben geschmückt und es herrscht erwartungsvolle Spannung vor dem Spiel. Die große Ernüchterung ca. 90 Minuten später, ein mageres 0:0 gegen Uruguay. Nein, die Zuschauer sind mit dem Auftreten der französischen Mannschaft gar nicht zufrieden.

NOGARO – AIRE-SUR-L'ADOUR   12. JUNI 2010

Es ist wieder richtig gutes Wanderwetter. Wir folgen dem Verlauf der GR 65, der uns viel durch Wälder, ansonsten über Feldwege führt. Der Wanderführer enthält einen Hinweis darauf, dass es unterwegs keine Einkehr- und Einkaufsmöglichkeiten geben wird. Da haben wir vorgesorgt und in Nogaro Bananen und Apfelsinen gekauft. Gerd hat Probleme, in der rechten Leiste zwickt es ihm ganz gehörig. Ich denke, wir sind mit einem zu scharfen Tempo und mit zu großen Distanzen von durchschnittlich 28 Kilometer pro Tag in diese Wandersaison gestartet. An der Bahnlinie kurz vor Aire-sur-l'Adour haben Pilgerfreunde einen kleinen Rastplatz im Schatten geschaffen, wir nehmen das Angebot zum Rasten gerne an. Diese Bahnlinie wirkt irgendwie tot, so rostig wie die Schienen sind.

In der Kathedrale werden wir von ehrenamtlichen Damen in Empfang genommen. Die Pilgerherberge ist bereits belegt, deshalb vermitteln uns die Damen eine Übernachtung im „Hotel de la Paix", im Dormitoire, einem Gemeinschaftsschlafraum für mehrere Pilger. Die Kathedrale St.-Jean-Baptiste wird im Innenraum renoviert. Einige Bereiche sind schon fertig und ich muss sagen, von einer überwältigenden Schönheit, ganz besonders das Deckengewölbe, über und über mit Ornamentik bedeckt, hell, freundlich und einladend. Wie schön wird diese Kirche erst einmal aussehen, wenn alles fertig ist.

Dieses Städtchen scheint recht munter zu sein. In den Geschäften, Bars und Cafés tobt das Leben. Wir sehen uns ein wenig im Ort um und werden lecker zu Abend essen.

AIRE-SUR-L'ADOUR 13. JUNI 2010

Es ist Sonntag und Gerd hatte in der Nacht Schmerzen in der Leistengegend. Das Nagelbett des großen Zehs ist entzündet, außerdem hat er inzwischen drei Blasen an den Füssen. Auf seinen Zehennagel trägt er schon seit einiger Zeit ein antibiotisches Wundgel auf, bisher noch nicht mit durchschlagendem Erfolg. Höchste Zeit für einen Pausentag!

Für eine weitere Nacht erhalten wir in unserem Hotel ein Doppelzimmer. Während dieser Ort gestern ganz quirlig erschien, so wirkt er heute verschlafen. Das Internet-Café ist geschlossen und so sitzen wir in einem anderen Café und schreiben Postkarten und Tagebuch. Wie schön, dass wir heute nicht wandern, es gibt immer wieder heftige Regenschauer, so können wir unsere Füße einfach mal hochlegen.

Bei der Adour-Brücke gibt es ein Sport-Restaurant. Hier essen wir zu Abend und sehen uns das Fußballspiel Deutschland gegen Australien an. Wir hatten schon Befürchtungen, ob es in Frankreich überhaupt noch ein Interesse für die Fußballweltmeisterschaft gibt, nach dem Desaster gegen Uruguay. Aber in einem Sportrestaurant kann man das wohl annehmen. Endstand des Spiels 4:0 für Deutschland. Einige Franzosen haben sich mit uns zusammen dieses Spiel angesehen und äußern sich beeindruckt von der spielerischen Qualität der deutschen Mannschaft.

Gerd meint, dass die Probleme mit seinen Füssen besser geworden seien und dass wir morgen den Weg fortsetzen könnten, wenn wir die tägliche Kilometerzahl etwas reduzieren.

AIRE-SUR-L'ADOUR VIA PAU – TOULOUSE – PARIS – KÖLN NACH HAMBURG 14./15. JUNI 2010

Wir machen uns wieder auf den Weg, für heute sind keine großartigen Steigungen zu erwarten. Wir haben die Stadtgrenze noch nicht erreicht, als Gerd mir sagt, dass seine Schmerzen sehr heftig geworden seien. So geht das auf gar keinen Fall weiter, ich habe nichts davon, wenn ich später, falls er überhaupt nicht mehr weiter kann, ihn da irgendwo aus der Pampa pflücken muss, weil er nicht mehr laufen kann! Diese Probleme bedeuten das Ende unserer Wanderung!!! Zu Fuß werden wir die Pyrenäen also nicht erreichen. Wir hatten ja sogar vor, bis nach Pamplona zu laufen und wir träumten davon, die Pyrenäen einmal bei Sonnenschein zu überqueren.

Es ist 8.00 Uhr morgens und Aire-sur-L'Adour verfügt über einen Bahnhof und den suchen wir jetzt. Die Bahngleise sind rostig, was sagt uns das?? Dass hier schon lange kein Zug mehr gefahren ist! Aber, es fährt hier ein Bus ab, allerdings nicht jetzt, sondern erst mittags! Vier Stunden vor dem Bahnhof herum lungern, nein danke. An dem Haus gegenüber vom Bahnhof entdecken wir, dass hier eine Taxizentrale ist. Wir klingeln den Fahrer raus, der gerade frühstückt und bitten ihn, uns nach Pau zu fahren. Eine Viertelstunde später sitzen wir im Taxi auf dem Weg nach Pau. Pau ist eine vergleichsweise große Stadt am Fuße der Pyrenäen und liegt an der Bahnstrecke Toulouse – Bayonne. Für diesen Spaß müssen wir 90 Euro berappen, na ja.

Das Glück scheint auf unserer Seite zu sein. Wir ziehen uns die Fahrkarten nach Toulouse aus dem Automaten und in einer viertel Stunde, um 10.15 Uhr fährt unser Zug ab. Plötzlich zeigt die Anzeigentafel eine Verspätung der Züge an, sowohl Richtung Toulouse, als auch Richtung Bordeaux, um zwei Stunden!! Zwei Stunden, wie kommen die denn auf so was? Warum nicht eine oder drei? Wir sind etwas konsterniert. Die Fahrgäste streben zu den Informationsschaltern. Es hat einen schweren Unfall auf der Pyrenäenbahnstrecke gegeben und es sind beide Fahrtrichtungen komplett gesperrt! Es wird einen Schienenersatzverkehr mit Bussen geben, das dauert. Oh,

Schienenersatzverkehr, den kenne ich von der Hamburger S-Bahn, das bedeutet Chaos pur. Ein Bus nach dem anderen fährt vollgestopft mit Passagieren ab. Zum Schluss bleiben nur noch Gerd und ich und ein Bus plus Fahrer in Richtung Toulouse übrig. „Bon", sagt der Fahrer, fahren wir also. Sein Chef besteht darauf, dass er die Bahnhöfe in Lourdes und in Tarbes anfahren soll, dort steigt aber niemand mehr zu und so gondeln wir zu dritt nach Toulouse. Wir sind ein richtig lustiges Trio, das bei Regenstürmen schließlich nach stundenlanger Fahrt in Toulouse-Matabiau ankommt.

Unser Rückflugticket Toulouse – Hamburg ist auf den 25. Juni 2010 ausgestellt. Am Flugschalter von Germanwings sagt man uns, dass wir frühestens übermorgen, also am 16. Juni nach Hamburg fliegen können und wir müssen den Rückflug erneut komplett bezahlen. Wenn man jetzt mal zwei weitere Tage in dem teuren und total verregneten Toulouse zugrunde legt, dann kann man auch mit der Bahn fahren. Also, zurück zum Bahnhof. Der Mitarbeiter im Reisezentrum gibt sich außerordentlich viel Mühe, für uns eine gute Bahnverbindung nach Hamburg zu finden und er bucht uns gleich die Fensterplätze für alle Züge dazu. Gegen Mitternacht wird unser Zug von Toulouse nach Paris Austerlitz abfahren. Die Zeit bis dahin verbringen wir in einem Restaurant am Bahnhof, denn im TV werden die Fußballspiele der WM gezeigt.

Von 7.00 Uhr bis 13.00 Uhr haben wir Zeit, uns in Paris umzusehen. Als ich gestern auf diese große Zeitspanne hinwies, sagte der junge Mann nur: „Voila, un matin à Paris!" Einen Vormittag in Paris, den könnte man für eine kleine Stadtrundfahrt nutzen, die sind aber wahnsinnig teuer und wegen des kleinen Zeitfensters können wir noch nicht einmal die volle Zeit dafür nutzen. In den Pariser Bahnhöfen gibt es Wasch- und Duschräume mit Concierge. Diese sanitären Anlagen sind sehr gepflegt und sauber, hinterher habe ich mich geärgert, dass ich mir nicht die Zeit für eine Dusche genommen habe. Weil die Stadtrundfahrt flach fällt, fahren wir mit der Metro zum Bahnhof Gare du Nord, von hier aus werden wir mittags mit dem belgischen Thalys-Hochgeschwindigkeitszug bis Köln fahren. Wir frühstücken gemütlich und dann gehen wir spazieren, wollen das Lokalcolorit absorbieren, im herrlichsten Sonnenschein. Auf dem Place de la Republique versammeln sich scharenweise Demonstranten. Watt'n Glück, dass wir nicht mit Bus oder Taxi unterwegs sind, da hätten wir jetzt ganz schlechte Karten, denn der Stadtverkehr kommt vollständig zum Erliegen, in einem Wahnsinnshupkonzert. Die Demonstranten wehren sich vehement gegen die Anhebung des Renteneintrittsalters von 60 Jahre auf 62 Jahre. Das nötigt uns nur ein müdes Lächeln ab.

Und wohin führt unser Spaziergang? Auf einen Friedhof! Das ist nicht irgendein Friedhof, es ist der „Cimetiére du Père Lachaise", auf dem sehr viel Prominenz bestattet ist, wie Marie Trintignant, Jim Morrison, Sarah Bernhardt, Oscar Wilde, Gioachino Rossini und und und!!! Die Liste der dort seit Anfang des 19. Jahrhunderts bestatteten Prominenten ist lang und wenn man bestimmte Gräber sucht, benötigt man dazu einen Plan. Ein imposantes Grabmal, etwas abseits gelegen und derzeit mit einem Baugerüst umgeben, fällt uns auf. Es ist das Grabmal des großen mittelalterlichen Liebespaares Héloise (geb. 1095, gest. 1164) und Abaelard (geb. 1079, gest. 1142). Der Religionslehrer und Philosoph vertrat für das Mittelalter erstaunliche Glaubensgrundsätze, was ihm die erbitterte Gegnerschaft des Abtes Bernhard von Clairvaux einbrachte. Außerdem wurde ihm die Liebesbeziehung zu seiner Schülerin Héloise zur Last gelegt. Die Anfeindungen kamen sowohl von der familiären als auch von der klerikalen Seite. Das Paar wurde erst im Jahr 1817 auf diesem Friedhof bestattet, nachdem sie in den Jahrhunderten zuvor mehrfach umgebettet wurden.

Wir haben genügend Flair geschnuppert, jetzt müssen wir zusehen, dass wir durch das Getümmel der Demonstranten zurück zum Gare du Nord kommen. Die Demo hat überwiegend den Charakter eines Happenings. Die Leute essen und trinken und verstopfen vor allem die Straßen.

Der Thalys braust in eineinhalb Stunden von Paris bis nach Brüssel. Gerd und ich sind begeistert. Das klappt ja wie verrückt! Unsere Begeisterung flaut auf der Strecke von Brüssel nach Köln merklich ab, denn der Zug steht mit „Softwareproblemen" in einem Tunnel, kurz hinter Brüssel. Solche Probleme haben die öfter, erfahren wir von Mitreisenden. In 10 Minuten und noch weitere 10 Minuten oder vielleicht doch noch in weiteren 20 Minuten geht es weiter? Wer weiß das schon so genau! Wir werden über Lautsprecher in vier Sprachen über die Verspätung informiert, vertröstet und Thalys wirbt um unser Verständnis für diese Zeitverzögerung. Nach eineinhalb Stunden setzt sich der Zug wieder in Bewegung. Das Zugpersonal hat viel zu tun, sie verteilen die Antragsformulare, damit die Passagiere wegen der Verspätung Schadenersatzansprüche geltend machen können. Unser Anschlusszug von Köln nach Hamburg ist längst weg und damit unsere Sitzplatzreservierung. Ich hätte unseren Aufenthalt im Hauptbahnhof von Köln gerne dazu genutzt, den Kölner Dom, gleich nebenan, zu besuchen. Stattdessen kümmern wir uns im Reisezentrum um eine Sitzplatzreservierung, denn die Folgezüge werden voll werden, da sehr viele Fahrgäste ihre Anschlüsse nicht mehr erreichen können.

38 Stunden hat unsere „Dreiländer-Odyssee" gedauert, bis wir von einem kleinen Städtchen im Pyrenäenvorland wieder zu Hause gelandet sind. Etwas gebeutelt vom Schlafmangel und leicht müffelnd, weil wegen der unerwarteten Länge unserer Tournee die Hygiene etwas gelitten hatte.

ENTTÄUSCHUNG!

Schluss! Aus! Ende, Gelände! Die Enttäuschung über die abgebrochene Wanderung sitzt tief. Es klafft eine Lücke von sechs Tageswanderetappen bis nach St.-Jean-Pied-de-Port, dem Ausgangspunkt unserer allerersten Pilgerwanderung. Die Hausärztin kümmert sich jetzt um Gerds entzündeten Zeh. Irgendwie sind wir perplex, was so eine kleine Wunde an großem Einfluss auf unsere Unternehmungen hat. Der ziehende Schmerz in der Leiste, die Blasen und letztendlich die Entzündung, das zieht mental ordentlich runter. Auf die naheliegende Idee, in Frankreich einen Arzt aufzusuchen, sind wir erst gar nicht gekommen.

In spiritueller Hinsicht ist diese abgebrochene Wanderung auf jeden Fall eine Pilgerfahrt. Der touristische Aspekt tritt auf diesem Abschnitt nicht so dominant in den Vordergrund und die Kirchen werden wieder als Gotteshäuser wahrgenommen und nicht nur als Museum und in den Gîtes d'Etape treffen sich wieder überwiegend auf Pilger. In diesem Punkt unterscheidet sich der Weg in diesem Jahr ganz wesentlich von unseren Erfahrungen, die wir auf dem ersten Wanderabschnitt der Via Podiensis gemacht hatten. Erstaunlicherweise sind auch in diesem Jahr wieder sehr viele deutschsprachige Pilger unterwegs, wahrscheinlich wegen des Heiligen Jahres 2010.

Jetzt wird aber nach vorne geguckt. In zwei Jahren planen wir ohnehin eine Pilgerwanderung von zu Hause aus nach Santiago de Compostela, wenn Gerd und ich den passiven Teil unserer Altersteilzeit zu fassen haben werden und damit von der Arbeit freigestellt sein werden. Dann können wir uns für den Weg so viel Zeit nehmen, wie wir benötigen.

Wir brauchen uns nichts mehr zu beweisen und unser Scheitern ist nur eine Erfahrung mehr, zugegebenermaßen eine bittere; also eine Erfahrung mehr, mehr nicht!

Auvillar, mit Blick auf die Garonne und die Atommailer

Rast im Hof des Châteaus

Die Ruine des Château Gachepouy in der Gascogne

Condom, die Kathedrale St. Pierre

Drei Esel! Der Vierbeiner hat lautstark auf sich aufmerksam gemacht.

Eine „Raststätte" auf dem Weg nach Aire-sur-L'Adour

QUELLENVERZEICHNIS

Dietrich Höllhuber, Wandern auf dem Spanischen Jakobsweg, Dumont Reiseverlag, Ostfildern, 4. Auflage 2006

Das altfranzösische Rolandslied, Reclam, Stuttgart, 1999

Der Cid, das altspanische Heldenlied, Reclam, Stuttgart, 2001

Cordula Rabe, Spanischer Jakobsweg, Bergverlag Rother, München, 3. Auflage 2007

Wikipedia

Credencial del Peregrino

Französischer Jakobsweg, Bettina Forst, Bergverlag Rother, München, 1. Auflage 2007

Der Jakobsweg, Ein Pilgerführer aus dem 12. Jahrhundert, kommentiert von Klaus Herbers, Reclam, Stuttgart, 2008

Laffi: Viaggio al Poniente, dt. nach Wegner: Der spanische Jakobsweg, S. 226

Culinaria España, Spanische Spezialitäten, Hrsg. Marion Trutter, Culinaria Könemann